沈黙の轍（わだち）

ずんだれ少年と恋心

ヒロシ

大和書房

はじめに

このたびは僕が書いた『沈黙の轍』を手にとっていただき誠にありがとうございます。購入されたのか、立ち読みされたのか。人から借りられたのか、貰われたのか。ブックオフで百円という金額で購入されたのか、拾われたのか……さまざまなケースがあるとは思いますが、いずれにしろヒロシに興味を持っていただいたのだと、都合よく解釈させてもらいます。

以前にも僕は本を二冊書いています。その二冊の本はどちらもネタ本でした。いずれもブレイクしていた時期に出版したもので、おかげさまでかなりの人達に読んでいただけました。一ページに一言ネタを一つという非常にシンプルな本でした。

そのため「二十分で読めた」とか「立ち読みで読み終えたよ!」などという意見を多

くいただきました。そこで、なんとかもっと読むのに時間がかかる本を書けないだろうか？　という思いからこの本を書いてみました。小学校のときの作文ですらまともに書けたことがないので、長い文章を書くのはこれが初めての経験です。物書きを職業にしている方が読まれたら、幼稚な仕上がりになっているのかもしれませんが、そこはひとつ、大きな心で受けとめてください。

まだ「ヒロシ」と名乗る前、本名の「齊藤健一」の話です。僕の過去は波乱万丈というものではありません。たまたま芸人という職業ではありますが、かなり平凡な男だと思います。

「平凡な人の昔話を本にして何が面白いんだ？」と思われるかもしれません。確かに、この本が面白いのかどうかは正直わかりません。ただ確実に言えるのは、波乱万丈な話より身近に感じられる内容であるということです。

僕自身、過去に多くの有名人の自叙伝を読みました。読み終わると必ずと言っていいほど、「やっぱり俺とは違う世界の人だ」と自分との大きな違いに打ちのめされていました。

その点この本は、打ちのめすようなことはいたしません。安心して読んでください。

サブタイトルに使っている「ずんだれ」という言葉は九州地方の方言で「だらしない」という意味の言葉です。僕は幼少の頃から今でも、ずんだれている気がします。この本を読んで「俺のほうがまだマシじゃないか」とか「ダメな奴だな〜」と、優越感に浸るのもいいでしょう。「俺と同じじゃないか！」と過去の自分を振り返るのもいいでしょう。みなさんが、子ども時代の自分と出会うこと。それが僕の幸せです……ちょっと嘘をついてみたとです。

ヒロシ

【轍】わだち

①車が通ったあとに残る車輪の跡。

②物事のあとかた。

『沈黙の轍』 目次

はじめに …… 4

閉所恐怖症 …… 12
新しい科目 …… 22
転校生 …… 28
勉強の重要性 …… 34
親父 …… 40
弁当 …… 46
夏の恐怖体験 …… 52
テレビゲーム …… 62
もらい物といただき物 …… 70
炭鉱住宅 …… 76
偉大なる母 …… 84
外国の友達 …… 94

集会場でのクリスマス……100
餅投げ……106
小学生の情事……112
ぽっとん便所……118
戦争の傷跡……124
消えたブリーフ……130
自作のシェルター……140
誕生会……146
土曜学校……152
いぬ店……164
不良に憧れて……172
ラジカセ……178
罰ゲーム……184
雪山の夜……188
張り続けたアンテナ……198

文庫のためのあとがき……204

沈黙の轍（わだち）

ずんだれ少年と恋心

閉所恐怖症

人にはそれぞれ苦手なものの、苦手なことがあると思う。もし「苦手なものなんて何一つないよ〜」っていう人がいるとするならば、俺はその人のことを苦手だと思うだろう。どんなヒーローにだって、弱点や苦手なことがある。ウルトラマンだってあんなに強いのに、たった三分間しか地球にいられない。ドラえもんだって突拍子もない道具を使えるのに、ネズミが怖くてたまらない。

ただ強いだけ、かっこいいだけのヒーローなら愛されることはないのかもしれない。

女性に、好きな男性のタイプは？　という質問をすると、〝普段は冷たいのにふとしたとき、優しくされたらドキッとする〟といったような、ギャップがある男という答えを返す人が多いが、どんな色男にもダメなポイントがあって、それが魅力になっているということなのだろう。

俺に関していえば、苦手なものが人より多い気がする。

イカの塩辛、綺麗な女性との会話、スポーツ、人前で話すこと、誰とでも友達になること、コンパで楽しげに自己紹介すること、カラオケで『学園天国』とか『ああ無情』などのテンションの高い歌を歌い、合いの手を求める人、美容室での会話……。

挙げていけばきりがない。普通に生活していて起こる出来事、ほとんどのことが苦手なんじゃないかと思ってしまうくらいだ。

苦手なものだらけの中でも、ひときわ小学生のときから苦手なものがある。何かに閉じ込められることが非常に怖いのだ。

誰でもそうだって思うかもしれないが、俺の場合、極端に恐怖を感じてしまう。SMの一環として荒縄で縛られたりするプレイがあるが、恐ろしくて考えられないし、トイレの個室に入って鍵をかけることですら、そのまま一生出られなくなるのではないかという不安にかられる。

幼稚園の頃、園内で友達数人と門を使って遊んでいたときのことだ。ただ単に登り降りを繰り返したり、門扉を閉じたり開いたりするだけという極端にバリエーションが少ない地味な遊びなので、当然すぐに飽きてくる。そんな中で、俺が門扉の鉄柱と鉄柱の間に頭を出し入れするという新たな遊びを開発した。

新しいといっても面白みにかける遊びであることには変わりないのだが、どうしたわけか友達の間ではちょっとしたブームになった。

その日も、友達と二人で門に頭を出し入れして遊んでいた。

入れて、出して、入れて、出して……何が面白いのか、さっぱり理解できないのだが、とにかく入れたり出したりしているだけで楽しめた。

入れて、出して、入れて、出して、入れて……出して……出して……出して………。

その瞬間！　普段と違う感覚を顔に感じた！

出ない!!　頭が抜けない!!

いつもは問題なく抜けるのに、今日に限って頭が引っかかっている。焦って何度も頭を引いてみるが、痛くて抜くことができない。

一緒に遊んでいた友達は、これまでと同じようにすんなり抜けている。特別うらやましいポイントなど一切ない友達だったのだが、このときばかりは冴えない友達がとてもうらやましく感じた。

俺は「助けて～！　助けて～！」と何回も繰り返し叫んだ。

だが目の前にいるのは何もうらやましいポイントがない男……冴えない男なので慌て方も冴えない。動揺しているのは表情から伝わってくるが行動が遅いのだ。

「先生呼んできて！」

俺が訴えているにもかかわらず、ボーッとしてなかなか行動が起こせないでいる。

「早よ！　早よ！」

何度か叫んでやっと動き始めた。こんな冴えない男に頼るしかない自分が切なかった。先生が助けに来るまでの間、嫌なことを想像した。

もし先生が来ても頭が抜けず、一生門に頭を突っ込んだまま生活する『門男』になったらどうしよう……ご飯もお母さんが持ってきて門で食べなきゃいけないのか？　トイレも人前でやることになる。好きなテレビ番組『ピンポンパン』も二度と観ることができない。それどころかめずらしい門男を見るために観光客なども集まるだろう。『門男まんじゅう』、『門男せんべい』等の観光地で必ず見られるお土産の販売も始められることだろう。

嫌だ！　絶対に嫌だ！　本気で門男として生きなければならない自分の人生を考えた。怖くてしかたなく発狂しそうなくらい、助けて!!　と叫んだ。

駆け寄ってくる女の先生の姿が目に飛び込んできた。わりと高齢の先生だったが、門男を見たのは初めてだったのだろう。

「まあ！」

声には出ていなかったがそんなベタな表情を見せた。先生の手が俺の体を掴み引っ張った。抜けない！　何度引っ張っても抜けない！　門男人生が始まるのかという恐怖から、いよいよ狂いそうな感覚に襲われた。

だが先生は、いたって冷静に石鹸水を持ってきて、門と頭の隙間に流し込み、再び引っ張り始めた。するとどうだろう、スルっといとも簡単に抜けたのだ！　石鹸は手や体を洗うだけのものだと思っていた俺は、石鹸の持つ能力に驚いた。ミカンの赤いネットに入れられた汚い石鹸にまさかこんなすばらしい力があるとは……。

過ちは何度も繰り返される。小学校に上がったばかりの年にも同じような目にあった。

学校の校庭で一人遊んでいた、夕焼けが綺麗な夕方だった。

俺は校庭に落ちていたピンポン玉で遊んでいた。ピンポン玉を使って一人でいったい何をしていたのだろう。自分でも覚えてないが、門での遊びと同様、きっとくだらない遊びだったに違いない。実に地味な男だ。

ふと校庭の隅に目を向けると、横たわった土管が二本見えた。おもむろにその土管に駆け寄り、空洞の部分にピンポン玉を転がして遊び始めた。

そこへ知らない小学生が三人やってきた。たぶん上級生だろう。近寄ってきて「それ俺たちに貸さんか」と偉そうに言ってきた。知らないヤツらから偉そうにされたことにカチンときて「嫌よ！」という返事をした。よっぽど頭にきていたのだろう、俺はいったん断ると上級生にわざと聞こえるように「わ～すごか～っ、この玉ぴょんぴょん跳ねよる～♪」とか「こっちから入れたらあっちから出る～♪」というオリジナルの歌を即興で歌ってピンポン玉遊びの楽しさを見せつけてやった。

でも元々そんなに楽しい遊びではなかったので、すぐにアピールする要素はなくなってしまった。

俺は何か違う楽しさが生まれるんじゃないかという思いから、その土管に自ら入ってみることにした。入ってみると土管は体の半分くらいの長さで、出口側のへりに手をかけ、ちょうど頭が出るくらいまで体を引き出したとき、悲劇は襲ってきた。

出ない！　頭は出ているのに体が出ないのだ。

『土管男』……再び恐怖に見舞われた。前回は助かった。なぜなら仲のよい友達が側にいたからだ。今の状況は門のときとはまったく違う。まわりには敵が三人いるだけ……。しかも校庭の隅のほうでちょっと泣いたくらいでは誰かに声が届く距離ではなかったが、大声で助けを求めたおかげで、上級生も気づいたらしく土管に近づいてきた。俺は涙ながらに右手に握っていたピンポン玉を差し出し叫んだ。

「これ、あげようか？」

なんとプライドがないのだろう。気持ちを逆なでするピンポン玉ソングを歌った相手に対してこの変わりよう……当然だろうが、さっきまでさんざん生意気だった下級生を助けるはずもなく、上級生たちはしばらく土管にはまった俺を黙って見ていたが、やがて言葉なく帰って行った。

絶望だった——辺りはどんどん暗くなり始めている。その恐怖は半端なものではなかった。泣こうがわめこうが誰も来ない！　門男の恐怖の比ではない。叫びが発狂に変わっていくうち、辺りはすっかり暗くなっていた。

すると遠くから何人かの大人が近寄ってきたのが見えた。「助かった」という安堵感からと「ここにいるよ！」と知らせる意味で大声で泣いた。

大人たちは「大丈夫か？」と聞いてきたが、答えられず泣き続けた。それほど土管男として生きることは恐ろしいことなのだ。

一人の大人が俺の足を引っ張った……抜けない。

三人で引っ張っているみたいだった……それでも抜けない。

三人の大人の力でも抜けないと気づくと、絶望感に襲われてさらに泣いた。

一人のおじさんがどこからか大きめのハンマーを持って戻ってきた。

——まさか土管を壊すのか？

——いやいや、中には小学生が入っていて怪我をする恐れがある。そんな無茶はしないだろう。

自問自答していると、おじさんがハンマーを振り上げた。

思わず声をあげたがハンマーは容赦なく振り下ろされた。

「ギャーッ」

ゴンッ！　ゴンッ！

体に土管の振動が伝わってくる。それはしばらく続いた。おじさんは、ハンマーの使い方に慣れていたのか痛みは感じない。

ボロッと俺の背中にコンクリートの重みを感じた。それと同時に体に涼しい空気が触れて、助かったと実感できた。

俺は猛烈に反省した。助けてくれたおじさんに怒られたからということもあり、上級生への態度を反省していた。

おそらく助けをよこしてくれたのは、さっきの上級生たちだろう。

そんな命の恩人に対して、生意気な態度をとってしまったのだ。器の小さい自分が恥ずかしかった。俺は心に決めた。今度、その上級生に会うまでピンポン玉はとっておこう、そしてごめんなさいと言ってピンポン玉をあげようと……。

その日から俺は常にピンポン玉を持って登校していた。

何日くらい経っただろう、その上級生の一人を見つけたのだ。俺は駆け寄って「この前はゴメンなさい、おじさん呼んでくれてありがとう、これあげる」とピンポン玉を差し出した。

するを意外な答えが返ってきた。

「あ？　何言いよるとや？　おじさんって誰や？」

話を聞いたところ、どうやらおじさんたちは偶然近くを通りかかり、助けに来たようだった。上級生たちは、生意気な俺の態度に随分頭にきていたらしく、そのまま帰ったとのことだった。もしも誰も気づいてくれなかったら……そう考えたら恐ろしくなり、また泣いてしまった。

新しい科目

おしっこを終えた後、チンコの皮をチャックで挟んだ経験がある男性は、どれくらいいるのだろうか？

この世に「チンコの皮をチャックで挟んだアンケート」が存在しないので正式にはわからないが、男性の半分は経験があることだと勝手に思っている。なぜなら俺自身、小学生の頃、頻繁に挟んでいたからだ。

洋服のジッパーを閉めるときに、服の布の部分を挟んでしまったことが誰にでもあると思う。ジッパーを上げたり下げたりしてもすんなり取れない。あの状態。

まさにそれと同じ状態が起こり、しかもその布の部分がチンコの皮なのだから、経験がない人でも痛みを想像できるだろう。

どうしてそのような事態が起こるかというと、チンコを完全にズボンにしまいきる前に、慌ててチャックを閉めた結果なのだ。

原因はわかっているのに、小学生の俺は何度も何度も同じ失敗を繰り返していた。

あまりに何度も挟んでいるとそのうち、挟んだチンコの取り方のコツみたいなものまでマスターしていた。だからチンコを挟んだ一瞬は痛くて焦るのだが、わりと冷静に対処することができるようになっていた。


その日も同じように、学校のトイレでおしっこを終えてズボンにしまおうとしたとき、チンコに激痛が走った。俺は痛がりながらも、慣れた事態と冷静に対処しようと努めた。

ちょっとチャックを下げてみて取れそうなら一気に下ろす。これがいつもの方法だった。

痛みに耐えながら少しチャックを下げてみた……いけそうだ。そう判断した俺は一気にチャックを引き下ろした。繊細かつ大胆に……。

「ぎゃあっ――――！」

強烈な痛みが走った。そっとチンコを見た。挟まったままだ！　これまでは大体この方法で取れていたのに……。

一気に下ろした際の皮へのダメージは大きい。挟まっているだけでも痛いのに、挟んだまま上下に引っ張られたのだ。それを覚悟で救われるのを信じて挑んだわけだが、いつも取れていたものが取れない……。身体的ダメージに加え、精神的ダメージも受けることになった。

不安が駆け巡った。チャックを外す方法は一つしか知らない。それをやっても無駄だったのだ。もう一度チャレンジするには相当の度胸が必要だった。戦争映画で体に入った銃弾を自らナイフでえぐり出すシーンがあるが、あれに似ていると思う。

自分で自分の体を傷つけるのには相当な勇気がいる。兵隊は日頃から訓練しているかもしれないが、あいにく俺は特別にチンコの訓練は受けてない。どうすることもできないでしばらくそのまま待っていた。だが、じっとしていても痛みはあるのだ。唸(うな)ってばかりでは何も解決しない。戦争映画の兵隊の気持ちになり、もう一度同じ方法を試してみた。

「ぎゃ――――っ!」

……取れない!　チンコを見たら血が滲んでいた。痛みも限界だった。涙まで出てきた。なす術(すべ)を失った俺は、恥ずかしさを覚悟で保健室まで行くことにした。

「うわーん、うわーん」と泣きながら走った。走ったといってもチャックにチンコの皮が挟まった状態だ！　まともな走りではない。気が焦っていたから走った気持ちになっているが、歩いているに近いスピードだと思う。チンコとチャックをいたわりながら保健室まで移動する間、何人もの生徒に目撃された。それでも恥ずかしいなどとは言っていられない。恐怖と痛みのほうが断然勝っていた。

保健室に到着するといつもの女の先生ではなく、どういうわけか男の体育教師がいた。女性にチンコを触られるのはさすがに抵抗があったので、少しだけホッとした。

そして涙ながらに訴えた。

「先生、チンコがチャックに挟まったとです！」

体育教師が走ってきて俺の下半身の前でひざまずいた。

「見せてみろ！」

生徒に対してかなり厳しい体育教師が、俺の下半身の前でひざまずいているのは妙な感じがした。先生は当然俺よりはるかに年上で、同じ男性だ。色んな経験をしていて、さらに人にものを教える立場の人だ。しかも体育教師……兵隊みたいに特別な訓練を受けてきているに違いない。そう思い先生に身を任せた瞬間、これまでの短い人生では経験がない激痛が走った！

「ぎゃ――ああ――――っ！」

チンコが引き裂かれるような激痛に叫んだ。

先生は強引にチャックを下げたのだ。先生もチンコの訓練は受けていなかったらしく、ただ強引に引っ張るという原始的な方法を披露した。チャックはチンコから取れてはいたものの、チンコの皮の一部はえぐれていてひどい状態になっていた。

先生は泣き続けている俺のチンコの先に赤チンを塗ってくれた。赤チンを塗ったチンコは真っ赤に染まり、その色を見て悲しくなった俺は、さらに泣き続けた。

学校ではたくさんのことを教わるが、実生活で直接役に立つ教科はあまりない。

ぜひ将来の子どもたちのために「チンコの皮をチャックから取る」という教科を増やしていただきたい。

転校生

転校生という存在は特に希望しなくても、格好いいのか、金持ちだろうか、貧乏だろうかと、勝手に注目されてしまう。注目度が高いあまり、他のクラスからわざわざ見に来る人もいるくらいだ。思うに、小学生で他にこれほど注目される機会はないんじゃないだろうか？

いつだったか、足の骨を折り松葉杖をついて登校してきた友達が注目されていたが、そんなことでさえうらやましいと思っていた俺にとって転校生の注目度は、ちょっとしたヒーローに匹敵するくらいのイメージだった。だから転校することには密かな憧れを抱いていた。

そんなスペシャルな存在になれるチャンスが俺にもやってきた。

小学一年の終わりに親から転校すると告げられたのだ。転校といっても同じ市内で、しかも隣の学校に移る程度だったが、一年生の行動範囲はすごく狭いから、どこかとんでもなく遠い町に連れて行かれる感覚がある。

一年間しか過ごしていない小学校でもそれなりに思い出はあった。図工の時間に描いたカニの絵をクラスメートにすごいと誉められたこと、みんなが新品の絵の具を持っているのに、俺だけもらい物で黄土色が三本も入っていたこと、雨の日に合羽を着ている友達が裕福に見えたこと、授業中うんこを漏らした友達のこと、入学式でせっかく好きな女の子と二人で写真を撮れることになったのに、別の男子が間に入ってきてしまったこと……だがそんな思い出や、異国の地に連れて行かれる不安よりも、期待のほうが圧倒的に大きかった。

これから転校先でヒーローになる俺にとっては、そんなことはどうでもいいのだ。

俺の転校のイメージ——。

教室にみんなが揃っている中、いつも通りに、「起立！　気をつけ！　礼！」と挨拶を終え、先生が「じゃあ君、いらっしゃい」と俺を招き入れる。

待ちに待ったヒーローの登場！　恥ずかしがりながら入っていく俺。教室が少しざわつく。興味津々な生徒たちを背に、先生が黒板の真ん中に『齊藤健一』と、俺の名前を大きく書き出す。

「転入生の齊藤健一くんです。今日からみんなの仲間になります。仲良くしてあげてください」

このように紹介され、軽く挨拶（あいさつ）をすませると、「真行寺（しんぎょうじ）さんの隣に座りなさい」と先生が促す。またここでひときわ大きく教室がざわつく。それもそのはず、真行寺さんはクラスのマドンナ的存在なのだ。

腰まで伸びた髪の毛は、光に当たるとキラキラと輝きを放ち、目はパッチリと大きく、肌は油断したら吸い込まれそうになるくらいの透明感、もしも白鳥が人間に生まれ変わったとしたら、きっとこんな感じだろうと想像してしまうくらい細くてしなやかなスタイル。美しさは他の女子と一線を画している。それだけではない。勉強も抜群にできる。なんでも真行寺さんの家は某財閥の家系で、家庭教師も有名な大学の教授だったりするのだ。才色兼備とは彼女のためにある言葉なのかと感じてしまう。かといって決して高飛車な態度はとらない。誰にでも平等に最高の笑顔を振りまく。だからクラスの男子はもちろんだが、女子からの人気もある。そんな女の子なのだ。

急にやってきた知らない男がいきなり真行寺さんの隣。表には出さないが男子生徒は面白くない。しかし転校生にはそんな強引さも許されるパワーがあるのだ。

転校生パワーはそれだけではない。注目を浴びる中、先生が一言。

「齊藤くんはまだ教科書を持ってないから真行寺さん、見せてあげなさい」

机を寄せて中央で教科書を開く真行寺さん。彼女との距離はほんの二十センチ……。

嗚呼、なんだか甘い香りがする……。

すばらしい！　すばらしすぎるではないか！

学校のことは何もわからないし、知り合いは誰もいない。唯一頼れるのは真行寺さんだけだ。必然的にトイレや図書館などを休み時間に案内してくれるだろう。

すばらしい転校！　ビバ転校！

こんな好き勝手な転校生像を想像して、一日も早く転校したいと切望していた。

デビューの日は二年生の始業式。楽しみだったものの、日が近づくにつれさすがに緊張してきた。知らない人の中に入って行くのは昔も今も苦手だ。

――いやいや、ヒーローになることは確定しているのだから大丈夫。

心の中で不安をかき消し、登校した。

職員室に行くと、なぜかそのまま体育館に案内された。

――あれ？　教室じゃないの？　でも始業式だからな……。

体育館では全校生徒が整列していた。ある列を指差し、先生が一言。「あそこの列の後ろに並びなさい」。

――あれ？？　俺の紹介は？

なんの説明もないまま、誰一人知る人のない列に立たされた。まわりの生徒は知らないヤツが突然混じってきたことを不審がっている。

俺はずっと気まずかった。

ちょうどバラエティー番組でひな壇に座っているのと同じ感覚だ。なんの会話にも加われずみんなから、「なんでいるの？」と言われているような気さえする状況。

始業式が終わり、なんとかひな壇の苦痛に耐え、教室に移動することになった。その間も状況は何一つ変わってない。同じ微妙な空気が続いていた。

「先生！　早く紹介を！」心の中で何度叫んだだろうか。

いたたまれない気持ちで教室に着くと、なんの紹介もされないまま、「あそこに座りなさい」とぶっきらぼうに一つの机を指差し座るよう指示された。

「先生？　紹介は？」

心の叫びは先生には届かなかった。

隣を見ても真行寺さんはおらず、貧乏くさい男が両隣に座っているだけだった。

いつ紹介してくれるのだろうとそわそわして待っていたが、その様子はなく、下校の時刻を迎えた。

ヒーローどころか、「一言も会話しない、知らない人」という印象を与えただけで終わった俺の転校。芸人なのにひな壇で会話できないのは、このときのトラウマなのかもしれない。

勉強の重要性

初めてカツアゲをされたのは小学三年生のときだった。隣の福岡県にある香椎花園（かしいかえん）という遊園地に、いとこの家族と出かけた俺は、園内のゲームセンターで一人、ゲームをして楽しんでいた。

遊んでいる途中ふと顔を上げると、中学生くらいの男たち三、四人が俺に近づいて来るのに気づいた。自分のことを棚に上げて言わせてもらえば、なんだか汚い印象の男たちで、まだ〝不良〟という存在を知らない年齢ではあったが、感覚的に嫌な感じを覚えていた。

確実に俺のほうに向かってきている汚い集団に対し、気づいていないフリをして、その場から離れようとしたとき……。

「おい！」

声をかけられてしまった。

汚い集団はなんだかとても偉そうな喋り方をしていた。俺はしかたなく返事をした。

「なんね?」

すると一人が、「これお前のやろ?」と何やら四角い黒いものを目の前に差し出した。それは俺の財布だった。ゲームに夢中になりすぎて落としていたらしい。

人は見た目で判断してはいけないというが、正にその通りだ。なんとなく避けていた汚い集団はわざわざ落ちていた財布を届けてくれたのだ。疑ってゴメンという意味も込め「ありがとう」と言ってその場を去ろうとした。ところが、すんなり行かせてはくれなかった。

「おい!」

また呼び止められたのだ。

「なんね?」

もう一度同じように答えた。

するとその男は、顔をおかしな具合にしかめつつ「お礼は?」と聞いてきた。

お礼……さっきありがとうと言ったではないか。この人たちには聞こえてなかったのだろうか？　そう思い改めて大きな声で「ありがとう」と言った。

それでも納得しない様子の汚い集団に、どうしていいかわからず、うつむいていると、手元の財布を指差してきた。

金が欲しいのか？

確かに財布を拾った人には、一割のお礼をもらえる権利が発生すると聞いたことがある。財布の中には全部で三十円入っていたので一割は三円。あいにく一円玉がなかったため、通常のお礼より多いのだが、気前よく十円玉を差し出した。

すると、親切なはずの汚い集団が声を荒げ怒り始めた。

「足りんやろが！」

金額が足りないと言い出したのだ。

足りないことはない！　通常より七円も多く渡しているのだ！　そんな理屈は通じないのもわかっていたが、俺は人に金をあげるほど裕福ではない。

「嫌よ！」と渋っていると、だんだん脅すような口調になってきた。

「もっと入っとるやろ！」

優しいのか怖いのか、さっぱりわからない。そんなに金が欲しかったのなら届けなければよかったではないか。

財布の中を覗(のぞ)いた。二十円しかない。十円で怒っているのだから全部渡しても怒り狂うに違いない。それでもないものはない。恐る恐る残りの二十円も差し出した。

するとどうだろう、不良たちはなぜか納得して二十円を受け取り去っていった。

十円で激怒し、三十円で納得する不良……金銭の感覚も理解しがたい人たちだった。

高学年になったときもやられた。人がやっているゲームを眺めて楽しんでいた、近所の駄菓子屋での出来事だ。

この店にはちょっと前から気になっている集団が出入りしていた。中学生だろうか、五、六人の集団で、全員〝虎の穴〟と書いてあるお揃いのバックルをつけたベルトをしていた。

それをなんだか奇妙に感じていた。

その日も、いつものように人がゲームをしているのを見ていると、その集団から声をかけられた。

「おい！」

福岡で経験したのと同じ声のかけ方だった。福岡との違いは、ダイレクトに金を要求してきたことだ。

「金ば出さんか！」

俺は、〝虎の穴〟が怖くて、余計な抵抗はせず五十円を差し出した。

するとまた前回の汚い集団と同じように、虎の穴たちは「足りんやろうが！」と声を荒げた。

本当はあと五十円残っていたがそれは隠していた。始めの五十円だって払いたくないのだ。俺が困っていると「早よ出さんか！」とひときわ大きい声で怒鳴り始めた。その声に気づいた店のおばちゃんが、「何ばしよっとか！」と叫ぶと、虎の穴たちは渋々店から出て行った。助かった！

おばちゃんに「いくら取られたとね？」と聞かれ、素直に「五十円」と答えるとおばちゃんは五十円をくれた。よかった。なんと気前のよいおばちゃんなのだろうか！　俺にとって五十円は大金なのだ。

いずれも百円未満の金額のためにカツアゲをする中学生たち……手にした金額、総額八十円……八十円を手に入れる手段を、他に思いつかなかったのだろうか？　庭の草むしりをすれば親から誉められるうえ、八十円くらいのこづかいならもらえたのではないだろうか？　当時なら一リットルのジュースの空きビンを、一本店に返しただけでも三十円もらえたはずだ。

カツアゲなんかせずに落ちているビンを探したほうが確実だし、犯罪者にもならない。たまにコンビニ強盗のニュースが流れるが、二万、三万盗んで逃げたと報じられている。そりゃあ切羽詰まってのことだろうけど、二万、三万のために強盗……考えればリスクが大きすぎるのは誰にでもわかる。

何をするにも勉強は必要だと学んだ。

親父

俺の親父は炭鉱夫だった。石油がエネルギーの主力となる前、昔の日本では石炭という燃料がもっとも重要なエネルギー源だった。汽車を走らせたり、船を進めたり……さまざまなものが石炭で動いていた。石炭は地中にあるためトンネルを通って、岩盤から掘り出さなくてはならない。親父は地中にもぐって石炭を掘る仕事をしていた。

親父だけでなく、友達の親もほとんどが炭鉱夫だった。炭鉱は二十四時間体制だったのだろう、仕事は三交替で行われていた。だから日によっては、親父が昼間家で寝ていることもあった。そんなときに騒いでよく母に叱られていたのを覚えている。

親父は怖かった。低学年の頃、勉強を教えてくれるのは嬉しいのだが、俺が「わからん」と言うと「どこがわからんとか！」と、わからないポイントを示すように迫ってくる。

もっともな話だが、当時の俺はわからないと言えば怒られるという怯えがとにかく強くて、わからない箇所を示すどころではなかった。そんなやり取りをしているうちに親父は痺れをきらし、決まって俺は家の外に締め出されるという罰を受けていた。

高校に入って、土木作業とか駐車場整理のバイトをやっていたあるとき、友達から紹介されてレストランの皿洗いを始めることになった。しかしそれを知った親父は、どういったわけか激怒したらしく、俺は皿洗いのバイトをすぐにやめさせられた。さっぱり理由がわからなかった。確認してはいないが俺が類推するに、土木作業などのいかにも体を使う仕事はよくて、皿洗いのような一見軟弱に見える仕事で金を稼ぐな、という意味だったのだろう。

そんな変な昔かたぎの頑固さを持つ親父でもあった。漠然と怖い人だと思っていたけれど、もちろん好きなところもあった。たまにキャッチボールをしてくれたこと、近所のお好み焼き屋に連れて行ってくれたこと、いつできたのかは知らないが親父の左足にあった火傷の痕、そこを触るとツルツルしていて気持ちよかったこと……。怖いといったって、一般的に子どもが親父を恐れる程度の感覚だろう。

小学三年生のある日の真夜中。寝ていた俺は物音で目が覚めた。寝ぼけ眼（まなこ）で見ると母が慌てた様子で「今からちょっと出かけるけん、ばあちゃんと一緒におらんね」と言ってどこかに出て行った。横を見たら別の家に住んでいるはずのばあちゃんが確かにいた。状況は飲み込めなかったが、眠気には勝てずそのまま寝てしまった。

翌朝、目を覚ますとやっぱりばあちゃんがいた。しばらくすると母が帰ってきてこう告げた。

「お父さん怪我して病院におるけん」

「ふ〜ん」

……特に驚かなかった。俺にショックを受けさせないために、母はあえて軽い言い方をしたのだろう。それから数日間、親父がいない以外はこれといって、特に何も変わらない生活を送っていた。

親父が入院してどれくらい経った頃だろう、「お父さんの見舞いに行くけんね」と母と一緒にタクシーで隣町の病院に向かった。タクシーなんか乗ったことがなかったので、「楽しいな〜」と、まるで遠足にでも行くような軽い気持ちでいた。

だけど病院のベッドに横になっている親父を見て、初めてショックを受けた。

親父の左足がなくなっていたのだ。

そこで初めて説明を受けた。仕事中、石炭を掘っていた親父の頭上から、崩れた岩盤が落ちてきたらしい。かろうじてよけたから命は助かったものの、崩れた岩盤は親父の左足に落ちたのだという。

炭鉱での落盤事故はめずらしいことではなかった。家の近所を歩けば片足を失ったおじさんとすれ違うことは稀なことではなく、見慣れていたはずなのだが、まさか自分の親父がなるとは思ってもみなかったし、その現実がなかなか受け入れられなかった。当然、好きだったツルツルした火傷の痕もなくなっていた。

炭鉱夫とは命を懸けた仕事なのだ。地底深く、いつ岩盤が落ちてくるかわからないような場所で石炭を掘る。いまどきこんな危険な仕事があるだろうか。だが俺の親の代までは存在していた仕事だ。家族を養う義務があるとはいえ、危険を顧みず、いつ事故があるかわからない地底で、毎日岩盤を掘っていた親父。

幼い頃でも充分ショックではあったが、それを深く考えたことはなかった。俺は三十六歳。親父が事故にあった年齢に近くなり、やっと感じることができる。親父は命を削って俺を育ててくれたんだと。

だがときどき、実家に帰っても親との会話はない。なんだか気恥ずかしくて何を話せばいいのかわからないのだ。何度も「親父」と書いたが実際に「親父」と呼んだことは一度もない。子どものとき「お父さん」とは呼んでいたが、急に「親父」と呼ぶのもなんだか抵抗があってタイミングを失ってしまった。一般的な親子なら酒を酌み交わしてもいい歳なのだとは思う。けれども、そういう行為がどうしてもできない。

親にはとても感謝している。こんなこと、普通に直接言えばいいのだが言えない。思いはあるのだが、気恥ずかしさが勝ってしまう。

なんと言っていいかわからないが、普通の三十六歳が親に対する接し方ができないのだ。ひょっとしたら親父が亡くなる寸前までこんな感じの接し方しかできないかもしれない。そんな不安から親父に対する手紙のつもりでこの文章を書いてみました。

高 圧

弁当

小学校の昼食は基本的に給食だった。だけどときどき弁当を持って行かなければならない日があった。遠足の日だ。

給食は、みんな同じメニューなので、これはなんの問題もない。しかし弁当は、それぞれの家庭の色が露骨に出てしまうものだ。各家庭の経済状況、弁当を作るお母さんのセンス……弁当一つでその人の家庭環境がまる見えになる。だから子どもたちは弁当のふたを開けて一喜一憂するのだ。

俺の弁当はあまり人に見せられるものではなかった。とにかく地味だった。

ご飯とおかずの部分が分かれて入っているのが、弁当の基本スタイルだと思うが、俺の母親が作る弁当は、そのベーシックな規律が守られていないために色彩がおかしかった。全体的に茶色なのだ。全てのおかずにおいて醤油で煮るという調理法を用いており、一面茶色に仕上げられていた。

卵焼きはほとんどの家庭では黄色だと思う。だけど俺の弁当に限っては卵焼きまでが茶色。缶詰の「さんまのかば焼き」を混ぜて焼いていたからだ。このように手間暇かけて、ご丁寧に全てのビジュアルが茶色で統一された弁当が作られていた。

元々茶色ではない卵焼きがそうであったように、せっかくの白いご飯部分にも、「御飯の友」がふりかけられていて茶色。御飯の友とは熊本でメジャーなふりかけでおいしいのだが、茶色一色のおかずの場合、ご飯にも茶色のそれがかけられるとビジュアル的な観点から言えば、ミスマッチこのうえない。しかもそのご飯を食べ進んでいくと、底の部分も隣の茶色のおかずから出る汁によって、やはり茶色に染められている。ここまでくれば説明の必要はないだろうが、緑色の野菜など気の利いた、見栄えをよくする添え物は一切入っていない。金太郎飴のごとく、どこを箸でいじくっても茶色だったのである。

一方、裕福なのか、親のセンスがいいのか、ずいぶんシャレた弁当を持ってくる者も少なくなかった。彩りが美しい弁当、白いバスケットに色とりどりの具材が挟まったサンドイッチの弁当、弁当とは別にフルーツを持ってくる者もいた。そういう華やかな弁当を持ってくる人たちは、たいてい水筒にもお茶ではなく、コーヒー、ジュースなどを入れて持ってきていた。それらの裕福弁当を見て、憧れを持たないわけがない。遠足のたび、自分の弁当の地味さを思い知らされた。

特に白いバスケットにサンドイッチというスタイルには、非常に熱い視線を送っていた。茶色の弁当しか食べつけていない俺の目には、白いバスケットに色とりどりのサンドイッチというスタイルの弁当が、まるで宝石箱のように映っていたのだ。

憧れてはいたが、弁当にサンドイッチは金持ちだけの特権だと諦めていたし、親に頼むのも申し訳ないと我慢していた。けれども五年生くらいになり、どうしてもその気持ちを抑えきれなくなって、遠足の前日「明日の弁当、サンドイッチが良かとばってん」と頼んでみた。

茶色の弁当は前の晩のおかずの残りを加えることができ、手間も省けるが、パンを食べる習慣すらない家だったので、手間のかかるサンドイッチなんか断られるのは覚悟のうえで頼んでみた。だが返ってきた答えは意外なものだった。

「よかよ」

うれしかった。遠足に憧れのサンドイッチ弁当……明日はちょっとした金持ち気分を味わえる。水筒の中身も、お茶では合わないのでコーヒー、もしくはジュースが入れられることだろう。

翌朝、俺は弁当を受け取り遠足に出かけた。遠足は疲れるのであまり好きではないイベントなのだが、お昼にみんなの前でさりげなく宝石箱を開く自分の姿を想像すると、足取りは軽やかだった。そして訪れた昼ご飯の時間、例の宝石箱を丁寧に取り出した。

——おかしい……宝石箱が新聞紙で包まれている。

——ポップな色の風呂敷ではなく新聞紙……。

急いで新聞紙を広げてみると、そこにはいつもの銀色の弁当箱。

不安はマックスに達し、恐る恐るふたを開けてみた。すると……。

無理やり弁当箱に詰め込まれた食パンたち。強引に詰め込みすぎて、パンの形も曲がりくねっている。どこから出ているのか、パンが茶色い汁を吸っている。サンドイッチに変えても同じこと、彩りは茶色しか見当たらない。

本来ならばパセリが置かれている場所に漬物が置いてある。パンに挟んであるのはなんだ？　黄土色のものが挟まっている。ピーナッツバターか？　その得体の知れないものをこわごわ口に運んでみた……味噌だ！　なんと食パンに塗られていたのは味噌だったのだ！　これは憧れていたサンドイッチではない。これはただ、パンに味噌を塗っただけのものにすぎない。洋風の味を想像していたのに目の前に現れたのは和風……想像を絶していた。

しょっぱい味を中和しようと水筒のジュースを口にした。

――お茶だった。このサンドイッチには合うのかもしれないが、小学生の口には和風サンドイッチ自体、かなりの無理があった。どこの世界に漬物を添えるサンドイッチが存在するのだろうか？　三十六年生きてきて比較的いろんな土地にも行ったが、見たことも聞いたこともない。しかたなく友達の目を避けながら食べきったが、母に対するイライラした思いを抱えて家路についた。

家に着いて真っ先に「何なん！　サンドイッチじゃなかやん！」とイライラをぶつけた。食べ物のことでちょっとでも文句を言うと「食べんでよか！」と怒られるのが常だったので、この抗議に対しても「もう弁当は作らん！」と叱られるのは当然のことであった。

月日が経ち、次の遠足の日がやってきた。その朝、俺の弁当は用意されていなかった。「弁当は？」と聞くと「田上くんに話しかけんね」と無愛想に言われた。

同じクラスの田上君に話しかけろ……？　俺は「弁当は？」と聞いたのに。答えになっていない答えに困惑し、集合場所に行き田上君に話しかけてみた。すると、「これ……」と、弁当を差し出された。親が頼んでいたのだろう、さほど親しくもない田上君のお母さんが、俺の分の弁当も作ってくれていたのだ！

その弁当は彩りも考えてあり、とてもおいしい弁当だったが、なんだか心苦しかったのを覚えている。

夏の恐怖体験

「ヒロシはアウトドア派だと思いますか？　インドア派だと思いますか？」

そういう質問を世間の人に投げかけたら、おそらく圧倒的にインドア派という答えが返ってくることだろう。

その通り。今の俺は休日のほとんどを映画を観たり読書をしたりして、家の中で過ごしている。

映画を観ているといっても、こだわりがあって名画を観るというわけでもない。中にはエロいものも含まれている。いや、それが大半だったりする。

本当の映画好きは俳優のこと、監督のこと、その映画の背景などについても語れることだろう。俺は一切語れない。語るどころか一回観たものでも、どんな物語なのかすっかり忘れてしまうため、二回目も新鮮な気持ちで観ることができる。レンタルビデオ屋で気づかないで同じＤＶＤを五回借りた経験があるほどだ。

本にしても漫画が圧倒的に多く、文学作品などのためになりそうな本は一切読まない。『キャバ嬢の落とし方』とか『速攻でモテる男になる本』といった類のマニュアル本は頻繁に読むが、何冊も読破した今でもモテないところをみると、それはそれでためになっていないとわかる。

要するに家の中でだらだらと暇を潰しているだけなのだ。ニートの特集をたまにテレビで観ることがあるが、俺とあまり変わらないんじゃないかと感じている。

そんな今の俺からは想像しにくいだろうけど、小学生のときはアウトドアが非常に好きな子どもだった。山で遊んだり、川で遊んだり、海で遊んだり……。具体的に何をやっていたのか思い出せないけど、暗くなるまで飽きることなく遊んでいた。

数多くの遊びの中でも、特に好きだったのがキャンプだった。家族でキャンプをしたこともあったけど、山とか海とかの遠出キャンプに、そうそう連れて行ってもらえるわけではない。

そこでやっていたのが、家の庭でのキャンプだった。同じように石でかまどを作り、ご飯を作って食べ、夜になればテント代わりに蚊帳(かや)を張って寝るという、簡易アウトドアライフを満喫していた。

蚊帳を張るにしても都合よく木が生えているわけではないので、長めの棒を拾ってきて骨組みを作らないといけないし、かまどを作るにしてもそれなりの大きさの石を探さなければならない。簡易キャンプといってもそれなりの工夫が必要なのだ。それらの一連の作業を親に手伝ってもらうことなく、自分一人でやっていた。

そんな簡易キャンプのおかげで、アウトドア生活には多少の自信があった。頼りないと思われている俺にもたくましい一面があることを、もし同級生の女子たちが知ったら「齊藤くんって意外と格好いいね～」とか「頼れる男子って素敵～」と、一気に俺のことを好きになってしまうだろう。そんな妄想をして気持ちよくなっていたりした。

ただ残念なことに、その頼れる男っぷりを同級生たちに披露する機会がなかった。妄想をところがある夏休み、学校の行事でキャンプ大会が開催されることになった。妄想を現実のものにする絶好のチャンスが訪れたのだ。

純粋にキャンプをやるのも楽しいけど、冴えない小学五年生として日々過ごしていた俺は、これは一気に頼れる男をアピールできる！と、密かに別の楽しみもつけ加えていた。一気にモテ男になるため、キャンプの前日まで飯盒（はんごう）でのご飯の炊き方や、テントの張り方など、当時の俺のバイブル『キャンプ入門』を片手に何度も予習した。

待ちに待った当日。必要なものは学校が用意するとのことで、タオルケットだけ持ってくるように言われていた。俺はいつも使っている、かなりケバ立った水色のタオルケットを持っていくことにした。このようなとき、人前で見せるという理由で、新品を持っていく者もいるだろう。だがそのときの俺には、本当のアウトドアは特別新しいものを買わずに、あるものだけでなんとかするものだという強い思いがあった。

最近では火を熾（おこ）すのにも、着火剤という便利なものがあるが、自ら火を熾す楽しみを捨てているような気がする。あんなものに頼りたくはない。

かまどもそうだ。組み立てるだけで手軽にバーベキューができてしまう道具がある。それどころか、キャンプ場自体もきちんと管理されていて、何から何まで用意されているところばかり。

そんな便利な生活がしたいのなら家にいればいいのだ。自然の中、日常の便利さがないところでの生活、それがキャンプのすばらしさだと思っていた。小学生であるにもかかわらず、当時の俺は生意気にもキャンプに対する美学を持っていたのだ。学校へ集合すると、やはり満足げに新品のタオルケットを持ってきている者が見かけられた。

――ふ～ん、新品ね～素人だね～。

それだけのことでも随分優越感に浸ることができた。

――このキャンプで目立つのは俺一人だな。

うぬぼれていたとき、目を疑う光景が映った……。なんと、学校の中庭にかまどが作ってあるではないか！　確かに行き先は聞いてなかったが、まさか学校内でキャンプをするというのか！　すぐに不安は現実のものになった。

「それでは飯盒でご飯を作りましょう」と先生の声。

通い慣れている学校の中庭でキャンプ……何が楽しいのだ？　これでは家キャンプとなんら違わないではないか！

がっかりしていたのもつかの間、もう一つの楽しみ『頼れる男アピール』のことを思い出し、「このキャンプでモテ男に生まれ変わってやる！」と考えを瞬時に転換した。

だがその思いはいとも簡単に崩された。テンションの高い明るい人たちが率先して火を熾そうとしているではないか！　しかも見ていたらなかなか火が熾せない様子。ここで俺が颯爽と出て行き火をつければいいのだが、俺のでしゃばらない性格が災いした。

テンションの高い明るい人たちの中に割って入れないのだ！

たかだか火を熾すだけで十分以上かかっているというのに「〜くん、すご〜い!!」と女子からは黄色い声があがっている。悔しかったが「俺なら一分で熾せたよ」と心の中でつぶやくしかなかった。ふがいないままご飯が終わると、先生が「テントを張ります」と言った。

もう一つのキャンプの醍醐味、テントでの宿泊。家のキャンプでは蚊帳を張って寝ていた俺は、少しだけ機嫌をよくした。

テント張りの手本を見せるということで、一ヶ所に生徒が集められた。誰かの親なのだろう知らないおじさんがテントを張り始めた。だがどうも初めてらしく、かなりもたついている。しかも一つのテントを生徒全員で囲んで見ているから、円の後方にいた俺にはよく見えない。これでは手本もクソもないではないか。イライラしながら見ていたが、知らないおじさんはなんとかテントを張り終えた。さあ、いよいよ自分たちで、テントを張るのかと思いきや……。

「タオルケットを持って体育館に移動してください」と先生。ビックリすることに体育館で寝泊まりすると言いやがった！

さっきのテント張りにはなんの意味があったのだろうか？　さっぱり意図がわからない。こんなことなら普通に家で過ごしたほうがよかった。

体育館に着くと男子の列、女子の列に分けられ雑魚寝状態で寝かされた。板張りの床にござを敷き、タオルケットをかけて寝る……痛くてしかたがない。

もはやキャンプではない。これは「わざわざ体育館で痛い思いをして寝る会」でしかない。

だが人間、どんな境地でも楽しみは見つけるものだ。寝ている頭の先には女子の列がある。こんな状況はそうそうない。たまに首をよじったりして、女子を盗み見しながら眠りについた……。

何時間経ったのだろう、体の痛さのせいか目が覚めた。寝ぼけながら寝返りをうったそのとき、心臓が止まるかと思うほどびっくりした！

なんと隣に女の子の寝顔があったのだ！　しかもかなりの至近距離！　なぜだ！

慌てて立ち上がり辺りを見回した……驚くことに女子の列に寝ていたのだ！

寝ぼけながら冷蔵庫におしっこをしても、まったく覚えてないくらいのひどい夢遊病だった俺は、女子の列に移動したことなどこれっぽっちも記憶がない。

大変だ。見つかったら卒業するまで変態扱いされてしまう。俺は瞬時に本来の場所に移動した。さいわい、誰も起きていなかったようだ。一安心と、タオルケットを体にかけると同時に、重大なミスを犯したことに気づいた。

タオルケットがピンク色……俺が家から持ってきたのは水色……。

これは女子のタオルケットではないか！　おそらく隣で寝ていたことに驚いた俺は、自分のタオルケットを置いて女子のものを持ってきてしまったのだろう……立て続けの不運。このままではさらに変態と呼ばれかねない。なんとかタオルケットを交換しなければ。だが戻しに行ったとき、誰かに見つかったら、それもまた変態……。

かなり長い時間悩んで、身動きが取れなかった。明るくなるまでに結論を出さなければ、どっちにしても変態扱いされてしまう。意を決し、戻しに行くことにした。

このときの緊張感はなかなか忘れられない。ドラマなんかで爆弾処理のシーンがあるがそれくらい慎重、かつ繊細に任務を遂行しなければならない。

とりあえず息を殺しながら、女子の列に向かった。だが慌てていたせいでさっきの場所がどこなのかはっきりしない。

隣に寝ていた女の子の顔は視力2・0の両目がしっかり覚えている。それを頼りに探した。

みんな上を向いて寝ているわけではないし、一人ひとり覗き込みながら探すのは至難の業(わざ)だった。その姿は傍(はた)から見たらすでに立派な変態だ。だからこそ見つかるわけにはいかない。気持ちばかりが焦る。

努力の甲斐あって、やっと寝ていた場所を発見した。だが、女子の列はまたさらなる難問をぶつけてくる。俺の両サイドで眠っていた女の子は、タオルケットをかけているではないか！　しかもそれは、俺のタオルケットではない！　可愛らしい、いかにも女子が使いそうなデザインのタオルケット！　ならば俺のタオルケットはどこに？

探偵でも解決できないであろう難問を、小学生の俺に解けといわんばかりだ。

緊張の中、タオルケットをかけていない人と俺のタオルケットを探し続けた。

見つからない！

念のため、再度女子の列、さらには男子の列……捜査の範囲を体育館の入口にまで広げてみた。そんなことを繰り返しているうちに、暗闇だった体育館の中に少しずつ陽が射し込んできた。

見つからない！　体育館中を探しきった。もうどうすることもできない！　俺は変態と呼ばれることを決心し、ピンクのタオルケットを羽織って寝た。

起床の時間＝変態誕生の時間。覚悟はできていた。

しかし完全に朝を迎え、みんなが起きても「先生、私のタオルケットがありません！」とか「これ私のタオルケットじゃないんですけど」などの声はあがらなかった。

不思議なのだがタオルケットの数は合っている。みんなが持っているのを見ても俺のケバ立った水色のタオルケットはなかった。

消えたタオルケット……俺の唯一のスピリチュアル体験である。

テレビゲーム

夏休みを過ごす際、注意として〝遊技場への出入り禁止〟と必ず言われていた。遊技場って言葉はなんとも危ない香りがして、いかがわしいものだと感じていたが、なんてことはない。田舎でいう遊技場とはゲームセンターくらいのものだ。しかも田舎すぎてゲームセンターなどと呼べるほどの立派な施設はなく、駄菓子屋に二〜三台のビデオゲームが置いてある程度の、なんの危険な香りもしない遊技場があるだけだった。だがそんなちっぽけな遊技場の駄菓子屋でも暇さえあれば通っていた。

その駄菓子屋には常に二〜三台のテーブル型ビデオゲームが設置してあった。

通常百円を入れて一プレイなのだろうが、田舎だったせいか、たいていのゲームが五十円でできるように設定されていた。五十円といっても小学生にとっては大金で、滅多なことではゲームを楽しむことはできず、裕福な家の子どもがゲームをしているのを見て楽しむことがメインだった。

思いきって五十円入れてやったとしても初めてだと上手くできない。すぐにゲームオーバーになってしまう。ゲームというよりも〝一瞬で五十円がなくなるマシーン〟といったほうがピッタリで、結局いつも見ているだけであった。

裕福な家の子どもは何度も同じゲームをやっているから相当うまい。一枚のコインでクリアする者もいた。

遊技場への出入りを禁止されていたとはいえ実際に遊戯しているのは、一部の限られた富裕層だけであった。そんな子どもを見てひどくうらやましかったのを覚えている。

だからビデオゲームは憧れの遊具であった。そんなビデオゲームが家のテレビでもできるものがあるということはなんとなく知っていた。

ブロック崩しとかテニスのゲームが家にいながらできるというのだ。とはいっても、今のゲームみたいな画像のすばらしさはまったくなく、小さい四角を並べて形作られていたものだった。だからブロック崩しの玉もテニスのボールも小さい四角いものが動いているだけ……そんなものでも充分に憧れの対象だった。

今でこそ家庭用テレビゲームは当たり前に存在するが、当時は夢の商品だった。五十円入れないとできないゲームが家にあればタダで何度でも楽しめる。家のテレビの中でキャラクターを自分の思うように動かせる。なかなか現実には考えられないことだった。

そのみんなの憧れの対象だったテレビゲームが突然、我が家にやってきた。

本当に突然だった。別に必要ないのだが、なんの心の準備もしていない。仕事帰りの親父がどういう気まぐれか買って帰ってきたのだった。まわりの友達と同等の贅沢、当然それ以上の贅沢品など持ったことのなかった俺が、まわりの誰も持っていない贅沢品を手に入れたのだ。ゲーム機の名前は「カセットビジョン」。

ソフトを入れ替えるだけでさまざまなゲームが楽しめるというものだった。ゲーム機本体にソフトを入れて楽しむスタイルは、このカセットビジョンから始まったように思う。

親父はソフトを二つ買ってきてくれていた。「きこりの与作」と「ギャラクシアン」。本当に単純極まりない画像なのだが、いつも観ているテレビの画面で、自分が操作するキャラが動く様には感動した。

次の日、うれしさと自慢したさで学校に着くなり、友達に話した。するとやってみたいという友達が続々と名乗りをあげ、一度も遊びに来たことがないクラスメートまで顔を出すようになった。俺の家には毎日、同級生たちが溢れていた。うれしかった。

純粋に俺自身の魅力で友達が集まったわけでないのはわかっている。しかしどんな理由にせよ一気に注目を浴びている感じが、たまらなく心地よかった。その心地よさは母も同じだったみたいだ。自分の息子が人気者にでもなった気分だったのだろう。友達が来た最初の日は水を飲ませていたのに、次第にジュースを用意するようになっていた。

そのうち、調子に乗ってスナック菓子まで出し始める始末。家族のためには絶対買ってくれないジュースとスナック菓子……母の調子に乗り加減が手に取るようにわかったが、それはそれで俺もうれしかった。

お祭りのような日々が続いていたある日、母がこんな提案をしてきた。

「ケーキとかのほうがよかやろうか？」

ここまで来るとさすがに驚いた。テレビでCMしているような、メジャーなお菓子ではなく、お年寄りしか食べないような、大してうまくないわけのわからない菓子しか買わない母が、ケーキを買う意思を見せるとは……。驚いたがケーキを拒む理由は何一つない。

「うん、ケーキがよかやろうね」

と答えておいた。

いつものように友達がやって来るだろう時刻、テレビのある部屋のテーブルの上にはケーキが用意されていた。早くケーキを食べたいのと、俺の家はケーキがある家だというのを自慢したいのとで、友達が来るのが待ち遠しかった。

早く来ないかな〜と思い始めると待っている時間は長く感じる。それでもなかなか友達は現れなかった。時計を見て気づいた。長く感じていた時間は気のせいではなく、実際長かったのだ。いつもみんなが来る時間はとっくに過ぎていた。

それでも待ち続けていたが、結局その日友達は誰一人来なかった。

用意してあったケーキを家族で食べながら、最初こそ「ケーキまで用意したとになんで来んとや！」と怒りを募らせていたが、徐々に「もしかして何か失礼なことをしたんやろうか？」「何か不手際があったとやろうか？」というサラリーマンの接待後みたいな不安を抱き始めていた。

翌朝学校へ行くと、ここのところ毎日俺のもとへ集まっていた友達が、一人の別の同級生を囲んで、何やら盛り上がっているのが目に入った。

気になった俺は、そのまわりを囲む一人となり話を聞いた。

「買ったとや？」

「今日遊びに行ってよか？」

「俺も行く！」

「俺も！」

そんな会話が聞こえてきた。なんだろう？

だけどこの光景と会話……どこかで見たことがある。俺はハッとした！ 俺がカセットビジョンを買ったのを友達に話したときと同じだ。この同級生もカセットビジョンを買ったのか？ どうやら違うらしい。

会話の中から「ファミリーコンピュータ」という耳慣れない単語が聞こえてきた。

そう、あの一世を風靡したゲーム機「ファミコン」のことだ。

ファミコンは俺が持っているカセットビジョンよりはるかに優れたゲーム機で、お店に置いてあるゲーム機とまったく同じゲームができるレベルの機械だった。カセットビジョンの画像と比べると〝月とすっぽん〟〝キャバ嬢の生活とヒロシのホスト時代の生活〟である。それほど段違いのものだった。

前日、俺の家に来なかった友達はファミコンのある家に遊びに行っていたのだ。待っても来ないはずである。

一気に友達を奪われた俺は寂しくなった。家に帰ると何も知らない母がケーキを用意していた。このケーキは前日と同様、家族で食べることになるのはわかっていたが母には言えなかった。俺は黙って一人でカセットビジョンをプレイした。

俺が人気者になった期間は非常に短かった。カセットビジョンを手に入れて、ファミコンが発売されるまでの一ヶ月。カセットビジョンにみんなで夢中になっていた頃の思い出を胸に、ファミコンがかなり普及したときでも、俺は悔しさから画像の粗いカセットビジョンをやり続けた。

もらい物といただき物

「もらい物」……その名の通り、人からもらった物のことだ。似た言葉で「いただき物」という言葉もある。両方とも人から何かをもらう。という幅広い意味では同じだけど、印象は大きく違う。

辞書で調べたわけではないが、もらい物は中古の物。いただき物は新品というイメージを受ける。同じもらうならぜひ、いただき物をもらいたいものである。だけど、残念なことに俺の人生ではもらい物のほうが圧倒的に多かった。

小学校で、生徒全員おそろいで用意させられる絵の具セット、習字セット、そろばんなどもほとんどがもらい物だった。

大人になった今でこそ、それらのもらい物は、滅多に使うことがない物だから、もらい物で充分だというのは理解できるが、小学生にとっては、新品を使う人が多い中で、明らかにみんなと違う中古の物を使うことは即イジメの対象になりうる、恐ろしいものであった。

絵の具は使い古しの場合、まず色が揃ってない。揃っていないどころか俺がもらった絵の具はどういうわけか、地味であまり用途がない黄土色が三本も入っていて白がない状態だった。そろばんには、高松という縁もゆかりもない知らない人の苗字が、しっかりと彫り込んである。文字をペンで塗り潰しても、立派な彫りが施してあるため、高松の二文字は隠すことができず、もらい物ではないと主張するのはもはや不可能だった。

常にそんな感じで、必要な物はどこからか母がもらってくるので、嫌だと思いながらも、もらい物生活には幼い頃から免疫ができていた。けれど、もらい物に慣れきった俺でもさすがに勘弁してくれ！　というものが一つだけあった。赤と青のラインが入った白いポロシャツだったが、手にしたときにどこかで見た記憶があるシャツだった。どこで見たのだろう？　深く考える間もなく気づいた。

それは同じクラスの猿渡(さるわたり)くんが着ていたポロシャツだった。年上の人からもらうのはまだ理解できる。だが同じクラスで生活している猿渡くんのシャツ。しかも猿渡くんはスポーツができてとてもモテる人……当然注目度は高い。学校に着ていったら、みんなが気づかないはずがない。想像するのも恐ろしい事態になるのは目に見えていた。

同級生が飽きるまで着尽くして、もういらないと判断したシャツを着ていく勇気……そんなものは持ち合わせていない。

それでも「まだ着られる」と主張する母。母を納得させるため、とりあえずそのシャツをいったん着て登校するフリをし、こっそりと家に戻り、昨日着ていた自分の服を洗濯機から探し出し着替えて家を出た。

こうやって、もらい物生活の免疫を日々つけられていたある日、耳を疑うことに母が新品の服を買ってきたと言い出した。しかも上下セットの服。長男であるにもかかわらず、お古ばかり着せられていた俺は心からうれしかった。「どんな服だろう?」期待に胸を躍らせて袋からその新品の服を取り出した俺の表情は曇った。袋から出てきたのは茶色の布だった。

——なんだ?? この布は??

広げてよく見ると、確かに半袖半ズボンの服だった。

「お母さん! これいくらやった?」

返ってきた答え……。

「九百八十円よ、安かやろ?」

上下セットで九百八十円……お買い得にもほどがある。このデザインもクソもない茶色一色の服。母の洋服を買う基準が、高いか安いかだけしかないと知った。それでも新品であることには変わらないので、多少うれしい思いもあった。

なんだか自分でもよくわからない複雑な気分でいた俺に、母が理解に苦しむ、とんでもないことを言い出した。

「この服はサラサラしとるけん、パンツは穿かんでよかよ」

生地がやわらかいから、下着のパンツは穿かなくていいと主張している母。

意味がわからない。パンツは肌触りの問題だけで穿くものなのだろうか? いや、違う。ズボンがサラサラでもパンツは必要なのだ。

「パンツは穿いたほうがよかろうもん」

一応言ってみたものの、はっきりとした理由を提示することができなかったため、猿渡くんのポロシャツと同様、有無を言わさずパンツなしで登校させられた。

やわらかすぎて落ち着かない。服を着ている感覚があまりないのだ。落ち着かないくらいならさほど問題はない。しかし実際に登校してみて初めてわかったことがある。

やわらかすぎるうえパンツを穿いてない半ズボンの裾からは、チンコが頻繁に見えたり隠れたりするのだ。じっと立っている分には平気だった。ズボンがめくれなければばい。でも少しでも歩いたりすると角度によっては見え隠れしていた。椅子に座っているときも注意が必要だった。これが一番危険。容易にチンコの全貌が現れてしまうのだ。チンコを隠すことにばかり意識が集中してしまい、勉強に身が入らない。そんななんとも不自由な服を着て登校させられていた。自由を奪われた拘束服である。三パターンの服装しかなかった俺は、三日に一度この拘束服を着る義務が課せられていた。

拘束服の日、担任の先生から呼び止められ、

「ずんだれた格好で学校に来たらいけんね。学校は遊びで来るわけじゃなかけん、服装ば考えなさい」

……バレていた。授業中、股間を絶えず触っていたのを見られていたのだろう。恥ずかしくてたまらなかった。

それとは裏腹に、「もうこの服から解放される！　さすがに先生から注意されたら着て行けとは言わんやろ」と思い、下校の足取りは軽やかであった。

家に帰って早速、母に「先生から着てくんなって言われたばい！」と伝えた。

「あ〜そがんね？　じゃあもう着ていかれんね」という答えが当然返ってくると思っていた。しかし、母の言葉は厳しいものだった。

「はっ？　学校の先生が服のことで口出ししてくるとか？　じゃあ先生が買ってくれるとか？」

その日以降も、俺はチンコを隠しながら登校した。

炭鉱住宅

幼稚園の頃から中学二年になるくらいまで、炭鉱住宅に住んでいた。

炭鉱住宅と聞いても、どんな住宅なのかピンとくる人は少ないと思う。

文字通り炭鉱の側の地域にある住宅で、古くて地味な木造の長屋。一つの建物には中で仕切りがしてあり、二世帯の家族が生活をしている。もちろん炭鉱で働く人たちのための家である。

話題になった『フラガール』という映画の舞台が、ちょうど炭鉱町だったが、あの町並みだと思ってもらえればいい（観てないという人はぜひレンタルビデオ屋で借りて観てください。あの独特の雰囲気は俺の文章力では表現ができません。ここから先はみなさんが「あ〜、あんな雰囲気のところに住んでいたんだ〜」と理解されたことを前提に書いていきます）。

その建物は濃いか薄いかの違いはあっても、茶色以外の色を発見することはない。壁もモルタルなど使用されておらず、細長い木の板が一枚一枚、下から上へ貼りつけてあるだけ。全て茶色でまとめられた建物。それとまったく同じものが、規則正しく縦と横に五軒ずつ並べられている。オセロの駒が黒ではなく茶色だったとするならば、茶色圧勝の状態といった風情。茶色の建物の間に通っている道も、もちろん舗装などはされてはいない。単なる硬めの土。それゆえ、町全体が茶色一色に仕上がっている。そんな景色から受ける印象は「暗い」の一言に尽きる。すごくテンションが高い人でも、そこで生活していたらどうにかなってしまいそうな空気感。炭鉱の町は寂れた雰囲気に埋め尽くされていた。

現在は何年か前の炭鉱閉山とともに、全ての炭鉱住宅はなくなってマンションだとかショッピングモールが立ち並ぶようになった。通い慣れた友達の家を訪ねることすら戸惑うくらいに町の様子は一変した。住んでいる頃はみんな同じ家だったのでなんとも感じなかったが、振り返るととんでもなくボロい住宅だった。

正月に神奈川からいとこが来たときのこと、なぜか俺の家には泊まらず、わざわざホテルに泊まっていた。布団の数が足りないわけでもないのに、どうしてうちに泊まらないのだろう？　五人家族だしホテル代もバカにならないだろうと、子どもらしからぬ心配をし、疑問に思っていた。

その理由が〃なんか家が怖いから〃だと親から聞かされたときには、ずいぶんとショックを受けた。いとこが怖がる家に、俺は抵抗なく住んでいる……初めて、この環境が普通じゃないんだと理解した。

炭鉱住宅、確かにいとこが言うように、怖いポイントはいくつかあった。

建物のルックスはもちろん、一つは虫が異常に多いことである。ゴキブリ、だんご虫、シロアリ、蛾、蚊、ナメクジ、ムカデ……おおよその人ならみんな嫌がるであろう虫は大体揃っていた。害虫オールスターズである。それらが外にいればさほど問題ではないのだが、当たり前のような顔をして家の中にも現れる。気持ち悪くてたまらないが、それがごく自然の生活だった。

それだけでも充分な怖さなのに、九州の虫たちは東京の虫と比べて全体的に大きい。まず、蛾が半端なくでかい。大げさではなく成人男性の手の平くらいはあったと思う。蛾はカーテンにとまっていることが多かった。俺が窓を開け、蛾が手に触れないようカーテンを揺らし、外に追い出そうとしている場面を目にした母は「蛾はゴキブリを食べるから殺すな」と助言をくれるのだが、さっぱり理解できなかった。ゴキブリも気持ち悪いが、蛾自体も気持ち悪いではないか。

家の柱に空いている無数の小さな穴に気づいた俺は、なんの穴だか知りたくて触ってみたことがあった。ちょっと押すと硬いはずの柱はやわらかく、一部がポロっと崩れた。崩れたところに目をやると何やら白い点が蠢いている。それはシロアリだったのだ。家の中にシロアリ……庭にある少し大きめな石をひっくり返したときに出てくる、たくさんのアリを見ただけでもゾッとするのに、日常過ごしている家の中。気持ち悪さは相当なものだ。何よりも「大黒柱」という言葉は、この炭鉱住宅には存在しないのだ。

人間に害がない虫ならまだいい。ムカデなんかにうっかり刺されたら体の一部が何倍にも腫れ上がってしまう。しかも寝ている無防備なときに、そのムカデが天井から落ちてくることが年に三、四回はある。そんなときには菜箸で巨大なムカデを掴み上げ、ガスコンロで火あぶりにする母の姿が決まって見られた。

また不便なことが一つある。炭鉱住宅には風呂がないのだ。俺の家だけではなく、他の家もそうだった。町ごとに銭湯があり、みんな利用していた。俺が風呂つきの家に住めるようになったのは、テレビに出始めて一年くらいしてからだ。だから生まれたときから風呂つきの家に住んでいた人より、風呂のありがたみはわかっているつもりだ。

寒くて凍えそうな真冬でも十分ほど歩いて銭湯に入りに行く……風呂つきの家に住む人にとって、銭湯に行くというのはイベントのような感じに聞こえるかもしれないが、実際毎日の話となると、とても面倒くさい。

そのうえ大変なこともある。それは近所のお年寄りから子どもまで、みんなが入るため起こってしまう問題。一年に二、三回は湯船に浸かっていると変な茶色のものが浮かんでいることがある。それはずばりうんこなのだ。

これに気づいた人々は湯船から一斉にあがる。大人も子どももみな、同じように慌てて素早くあがる様は面白い。ただ、中には気づかないで逃げ遅れる人も出てくる。

一度、事態に気づかず湯船に浸かり続けているおじさんがいたことがあった。おじさんは湯船でくつろぎながら顔を洗っていた。ちょうどお湯をすくう手の中に入ってしまったのだろう、うんこを顔に塗りたくっていたのだ。自分では綺麗にしているつもりが、逆に汚くなっている。それは本当に驚くことだ。その人は立派な大人だったが、異変と異臭に気づいたときには「うわ〜〜〜」と大人らしからぬ声をあげていた。

他にも、家に風呂がないゆえ大変なことはあるが、これだけでも充分不便さは伝わっただろう。

そんなことから子どもの俺ですら家に風呂が欲しいと思っていたくらいだ。親も本当は欲しいに決まっている。そう考え親に提案してみた。

「ね〜、家に風呂ば作ってよ」

言ってみたものの答えはNOだ。親も風呂はつけたいが金がないと言うのだ。わかっていた答えだった。大して期待はしてなかったので特にがっかりもせず、銭湯通いの生活を続けていた。するとある日、居間でテレビを観ていた俺に、母が驚きの一言を放った。

「風呂ば作ったよ」

嘘だと思った。金はどこから出てきたのか？　ましてや工事の様子なんか一切なかった。それでも母は作ったと言い張っている。半信半疑で「どこね？」と聞くと玄関に案内された。母は目を疑うほどの、思いがけない行動をとっていた。

玄関には大きめのタライが置いてあり、タライの横には石鹸、シャンプー、リンスが並べてあった。そして一本のホースの先がタライの中に差し込んであった。ホースを辿っていくと台所まで引っ張ってあり、湯沸かし器に繋げられていたのだ。見映えや使いやすさなどの問題はあるものの、一応それなりの風呂ができていた。

風呂と便所が一緒になったユニットバスは存在するが、玄関と風呂が一緒のユニットバス……恐るべき発想である。

通常のユニットバスの存在すら知らなかった俺はかなりの衝撃を受けた。

母の発想に驚きつつも早速入ってみた……最高ではないか！　狭いながらちゃんと風呂の役割は果たしている。

それからは茶色の物体にビクビクして入る銭湯には行かなくなり、下駄箱の靴を眺めながら入る狭いお風呂で一日の疲れを癒すようになった。

偉大なる母

最近でこそパソコンやＤＶＤの普及により、毛が生え始めたばかりの男子学生諸君でも簡単に女性の裸を見ることができると思うが、俺が思春期を迎えた学生の頃は、すでに家庭用ビデオデッキは存在していたものの、たいていの家庭には普及しておらず、相当の苦労と労力が必要だった。

テレビドラマの入浴シーンとかアイドルの水泳大会でのポロリとかの偶然を待つ以外、女性の裸を目にする機会などなかった。しかも不運なことに親が一緒にテレビを観ている場合は、恥ずかしさから目をそらし、せっかくのおっぱいもじっくり見ることはできなかった。

ましてや、女性の裸を堪能するためのツールであるエロビデオは、手に入れることが不可能なアイテムだった。大げさだが、エロビデオがこの世に実際に存在するのか疑っていたほどだ。

一度、エロの感情を抑えきれない男友達と、エロビデオをレンタルビデオ屋に借りに行くための会議を二時間にわたって開いたことがあったが、あまりの難度の高さで、実現されることなく終わった。

時代的な諸事情を攻略し、エロを体感できる貴重アイテムとして唯一存在していたのがエロ本だった。

俺は誰に打ち明けるでもなく、小学校高学年の頃からエロかった。本当はみんな似たようにエロかったのかもしれないが、女の子と会話しているだけで冷やかされる時代だったから「女の裸はどうなっとるんやろ？」とか「電気マッサージ器を股間に当てると変な気持ちになるんやけど……」などと、口に出す者がいなかったため、自分一人がエロいものだと思い込んでいた。

ぼんやりとした記憶だが、女性の裸が見たいと真剣に熱望し始めたのは五年生くらいのときだったと思う。

『Ｏｈ！透明人間』だとか『まいっちんぐマチコ先生』などの少年漫画に、グラマーな女性が登場するだけでおかしな気分になって、便所の中でこそこそと見て楽しんだりした。

それでも気持ちがおさまらないときには、想像で女性の裸を紙に描いてみたり、粘土で作ったりしたこともあった。だがアーティストでもなんでもないので、できあがった作品はエロい気持ちになるまでにはとてもいたらなかった。粘土で作った裸の像は手足の長さもまちまちで、おかしな方向に曲がったりしていて、エロいというより怖いと感じてしまう仕上がりだった。

たまに橋の下とか通学路の隅っことかに、雨に濡れたエロ本が落ちているのを見かけたりはしたが、そんなものを拾っている姿を誰かに見られでもしたら大変なことで、遠目から横目で見るのが精一杯だった。もっともなことだが、小学生でエロを楽しむには相当な苦労があるのだ。

エロ心とのせめぎ合いを続けていたある日、なんの気はなしに、親父の本棚から一冊の本を取り出した。その本は熱帯地方に生息する魚の写真集だった。何気なくパラパラとページをめくっていると、明らかに魚ではない写真が現れた……ページの上にタイトルが書かれている。

「世界の尻」

その特集は二ページ見開きで、世界のいろんな国々の女性の尻だけを写した写真が載っているコーナーだった。なぜ熱帯魚の写真集の中に女性の尻が？ 雑誌の意図がまったく読めない。突然出現した世界の尻たちに慌てふためくことしかできなかった。

たった二ページという少ないページ数にもかかわらず、世界の尻というだけあって四十人分くらいの尻の写真が並んでいた。イタリアの尻、アメリカの尻、フィリピンの尻、ベネズエラの尻……日本の尻さえも見たことがない俺が、この何分間かの短い時間に世界中の尻を目にすることになった。衝撃だった。マチコ先生レベルではない。世界の尻なのだ。その日以来、親がいないときにはこそこそと、世界の尻を見ることを繰り返していた。熊本の田舎で四十ヶ国に及ぶ多様な尻を見て過ごす生活はしばらく続いた。

だが人間の欲求は常に満たされないものだ。こそこそと見ているだけでは満足できなくなり、いつでも自分の好きなタイミングで見られるよう、世界の尻が欲しくなっていたのだ。

親が出かけている隙に、ハサミを片手に親父の本棚の前に立った。本一冊持っていくのはバレる可能性がある。それに熱帯魚のページは必要ない。俺が欲しいのは世界の尻だけだ。

そこでハサミで欲しいページだけ切り取ることにした。できるだけ切った形跡を残さないよう、丁寧に切り取った。これで思いのままに世界の尻を見ることができる。

ただ机の引き出しにしまうだけでは親に見つかる可能性があるし、家庭科の教科書に挟んで隠したうえで、引き出しの中にしまうことにした。家庭科の授業は一年通してあるわけではなく、他の教科書よりサイズが大きかったこともあり、切り抜きの隠し場所には適していたのだ。

それからというもの、家庭科の教科書はエロ切り抜きの保存庫になっていった。

水着の女性のグラビア、裸の写真などが載っている雑誌を、親父の本棚から探し出して世界の尻と同様、ハサミで切り取ってコレクションするようになった。

総数六、七枚になったある朝、目が覚めたら遅刻ぎりぎりの時間だった。焦って服を着替えて学校へ走った。途中で算数の教科書を忘れたのに気づいて、また走って家に戻った。

家には着いたが、中に入って教科書を取っていたら遅刻してしまう。俺は窓から頭を突っ込み叫んだ。

「おかーさん!、おかーさん!」

母に取ってもらおうと考えたのだ。

「なんね?」

俺の机が置いてある部屋の奥から母が顔を出した。

「算数の教科書ば取って!」

教科書がしまってある引き出しを指差し頼んだ。

「なんね〜、忘れたとね? だけん夜のうちに用意しとけってゆうたやろうが〜」

俺の焦りとは反対にゆっくりとした口調でたしなめた。イライラして「はよ取って!遅れるやん! そこの引き出しに入っとるけん!」そう急かすが、母親は相変わらずゆっくりと引き出しを開け、何冊かの教科書をまとめて取り出した。

「これね?」

それは習字の教科書だった。

「違う! その下の本たい!」

そう言うと母は一冊の教科書をピックアップした。他の教科書より遥かに大きいサイズ……それは家庭科の教科書であった。しまった！　コレクションが！

気づいたときにはすでに遅かった。

「これね？」

母が確かめるように手にしたものを掲げると同時に、パサパサっと音がした。俺のコレクションが床に落ちる音だ。

コレクションが見つかってしまった……！

一人でこそこそと、何度も眺めていた世界の尻たちであったが、母と一緒に見ることになろうとは……。あまりの羞恥に親の顔を見ないで再び学校へ走った。恥ずかしくて泣きそうだった。心臓がバクバクして破裂するんじゃないかと思った。

その日一日は勉強どころではない。親にエロがバレたのだ。帰れない……困った、本当に困った。俺の困惑とは関係なく、時は無情にも過ぎるもので、あっという間に放課後を迎えた。すんなり家に帰ることもできず、近くの石段に座って今後の身の振り方を悩んだ。でもどうしても答えは出なかった。

どんな顔で親に会えばいいのだろう……真っ先に怒られるのだろうか、笑われるのだろうか、泣かれるのだろうか……リアクションが想像できなくて怖かった。

辺りは暗くなり始めていた。なんの対策もないまま、しかたなく家路についた。決死の覚悟で玄関を開ける。しかし母の反応は意外なものだった。

「おかえり」

――いたって普通である。いつもの母となんら変わりなかったのだ。それはまったく予想していなかったリアクションだった。

「そうか！　俺の気持ちを考えて何もなかったように接してくれるのか！　さすがだ！　偉大だ！　偉大すぎる！」

母の偉大さなんて微塵も感じたことなどなかったが、非常事態が起こって初めて知った母の懐の深さ……。

俺はこれまでの自分を反省し、親が誇れるような子どもになろうと思った。「お母さん、ありがとう。いつの日か頑張って親孝行するよ」心に誓った。

晩ご飯の時間、父、母、弟と俺、家族全員で食卓を囲んだ。定番の母の料理がいっそているうおいしく感じた。それはそうだ、偉大な母が作った料理なのだからおいしいに決まっている。

大きな感謝の気持ちにふけっていたら、偉大な母がテーブルの上に何かを取り出した。

俺は目を疑った！

それは世界の尻を始めとした俺のコレクションだったのだ！

偉大な母はまるでトランプのカードを並べるように、家族勢揃いの食卓の上にコレクションを広げた。そして一言……。

「健一、これは捨ててよかとね？」

威厳のある親父でさえ、このときばかりは何も口出ししなかった。同じ男同士だから気持ちがわかったのだろう。気のせいか少しうつむいたように見えた。

家族全員の前でコレクションを広げる母……。

想像をはるかに超越した、偉大さを見せつけられた。

ご苦労さん

外国の友達

高校を卒業するまで住んでいた町には有名な遊園地がある。有名といっても全国的にではなく、あくまでローカルレベルではあるが、九州に住んでいる人で知らない人はおそらくいない、九州ではとてもメジャーな遊園地だ。

そこでは季節ごとに、世界のパレードや、象のパレード、アイドルのミニコンサートなどが行われ、わりと途切れることなく、なんらかの趣向を凝らしたイベントが開催されていた。

特に印象に残っているイベントで「クジラ博」というものがあった。要するにクジラの博物館で、壁の立派なガラスケースにクジラのチンコが展示してあって、自分の身長よりも長いチンコがとても印象的だった。こんな立派なガラスケースに自分のチンコを展示されて、クジラはどんな気持ちなのだろうと想像して楽しんでいたのを思い出す。

イベントは長い期間行われるため、その間、イベントの出演者たちは泊まりになる。そうした人たちが利用できるよう、遊園地内には宿泊施設もあったようだ。だから世界のパレードのような海外ものが開催される期間は、遊園地付近で外国人をよく見かけていた。

友達三人と遊園地の駐車場で遊んでいたときのこと。俺たちは一人の外国の子どもがずっとこっちを見ていることに気づいた。どこの国の子どもかは知らないが白人の男の子で、見た感じは俺たちとそう変わらない年齢。右手に猿のフィギュアを握り締めていた。

遠くから見たことはあっても、外国人に関わったことがなかった俺たちは、かなり戸惑った。「僕も仲間に入れてよ〜」と言わんばかりに、目が合うたび微笑みかけてくるのだ。

長期間知らない国に滞在していて友達もおらず、寂しい思いをしているのだろう、そのうちかなり大胆に近づいてきた。そしてなんだかわからない言葉で話しかけてくるのだ。突然の初体験、外国人との接触におののいた。普段はテンション が高い友達も、すっかり無口になっていた。

どうすることもできず、まごついている俺たちを尻目に、外国人の子どもは知らない言葉でどんどん話しかけてくる。

共通点が見出せない中、唯一始めの糸口を見つけた。彼が右手に握り締めている猿のフィギュアである。これをきっかけに意を決し会話が開始された。

「これ何なん?」

思いっきり日本語、しかも方言で話しかけた。フィギュアを指差しながら言ったせいかそれでも通じたらしく、なにやらフィギュアについて説明しているようだった。スターウォーズという単語だけかろうじて聞き取れた。そして会話は終了した。

悪い外国人ではない様子だったし、一緒に遊ぶことにした。遊ぶといっても言葉の通じない者同士会話もできず、外国人は俺たちが遊ぶのを側で見ているだけだったが、それなりに楽しんでいる様子だった。

遊んでいるうちに徐々に打ち解けてきて外国人の私生活に興味が出てきた。

外国人は朝食にコーンフレークを食べ、大きめのビンに入った牛乳を飲んでいるに違いない。寝るときは床に布団ではなくベッド、お母さんも美人で巨乳だったりするのだろう。偏った外国のイメージを自身で体験したかったのだ。

「お前の家に遊びに行ってもよかや?」

友達の一人が言った。当然伝わることはなく、身振り手振りでの会話が始まった。

……するとなんとなく伝わったのか外国人は顔をしかめながら、両手の人差し指を頭に立てて「お母さんが怒るんだよ〜」みたいな動きをしている。その後「君たちの家に行きたいな〜」みたいな雰囲気になり、一番近いという理由で俺の家に行くことになった。

家に来てはみたが、特に面白いものがあるわけではなく、明らかに外国人の子どもはつまらなそうにしていた。母もお茶を出す以外、もてなしの手段がなく明らかに困惑していた。

「これ何ね?」

……やはり俺の親である。母は猿のフィギュアを指差し、まったく同じ質問をした。

そんなこんなで夕方になり外国人は帰って行った。外国人と遊ぶことは戸惑いも多かったが、非日常的な出来事でそれはそれで楽しかった。やがて友達も家路につくと、非日常的な時間は、いつもの平凡な時間に戻った。

外国人が家に来たことも忘れかけていた二、三日後、再び平凡な夕方が非日常に変化した。

外国人が突然俺の家にやって来たのだ！

前回は友達もいたからよかったものの、この日は俺一人だった。慌てた。

俺と外国人……何をすればいいのだ。気が休まらない。俺の気持ちを察することなく、異国の言語で話しかけてくる。会話自体も一方通行で何が楽しいのかわからないが、それからというもの外国人の子どもは何度も俺の家を訪ねて来るようになった。来る日も来る日も学校が終わった放課後の時間を見計らったように。

家に外国人が来ている情報を聞いてからというもの、しばしば遊びに来ていた友達が一切俺の家に近寄らなくなってしまった。正直少し迷惑だった。たまにならまだしも、毎日来られると他の友達と遊べないのだ。

いったい何が彼を喜ばせたのだろう？　疑問は解決されないまま日々が過ぎていった。ある日、外国人がもう来られないみたいなことを必死で言っているようだった。そういえば世界のパレードの期間は終わっていたのだ。ほっとするのかと思っていたが、毎日の遊びの中で情が移っていた自分に気づきハッとした。少し寂しくなり記念に自分の持っている大切なものをプレゼントすることにした。

外国人は泣いていた。見ていた俺も悲しくなった。友情に言葉はいらないのだ！　別れが辛くなり、純粋に俺も記念に何か欲しいと思った。お別れのプレゼントを渡した後、外国人がいつも手に持っているフィギュアを指差し、涙を溜めながらこう言った。

「そのスターウォーズのフィギュア、記念にちょうだい」

すると外国人の子どもは泣きながら、力強くこう言った。

「NO〜〜〜!!」

……。

外国の友達のその言葉だけはしっかりと聞き取ることができた。

集会場でのクリスマス

大人になった今では、モテる男女限定イベントとなってしまったが、モテるモテないがそれほど生活に影響を及ぼさなかった小学生時代は、それなりに楽しみにしていた。給食には、小さいながらケーキもついてくるし、家でも、食べ慣れている唐揚げが、クリスマスの日には鶏のモモっぽいものにランクアップされたりしていたからだ。

中学生以降、モテない男にとってはバレンタインデー同様、苦痛の日でしかなくなってしまったのだが、小さな幸せが待っていたこの頃は、まだ好きな日であった。

とはいうものの、一度だけ面倒なイベントがあった。住んでいる地区の行事としてクリスマス会が開かれたのだ。それは決して毎年の行事だったわけではない。あくまで気まぐれで行われることになったイベントで、炭鉱住宅の集会場が会場という、クリスマスの雰囲気とはかなりかけ離れた粗末なものだった。

けれども、これまで経験したことがない、ささやかながらもクリスマス会が行われるということで幾分楽しみにしていた。

クリスマス会には、各自前もって用意しなくてはならないものがあった。プレゼントだ。

いくら分だったろう、三百円分だった気がする。要するに、同じ額のプレゼントを持ち寄って、子ども全員で交換するということだった。

親からお金をもらい、近所の駄菓子屋、大野店でお菓子を金額分買った。きなこ棒やうまい棒、容器がヨーグルトっぽいビジュアルの砂糖菓子、粉ジュース……駄菓子の詰め合わせだ。小学生の経済力では、常時それだけの種類をまとめて買うことはできない。まさに夢の詰め合わせなのだ。

そこまではよかったが、興奮して浮かれるあまり早めに用意をしすぎた俺は、一日一日経つごとに机の上に置いてあるそのビニール袋に詰められたお菓子の味が、気になってしかたなくなってきた。食べたいという欲が出てきたのだ。

「別に三百円までだからいいか〜」と、次第に都合のいい言い訳を作り、一個くらい食べても問題ないだろうと、詰め合わせの中のお菓子を一つ食べた。滅多に三百円分の駄菓子を買うなんてことはないので、自分では絶対に買わない値段のお菓子も入っていた。これが非常にうまかった。基本的に自分に甘い俺の手は、翌日もその翌日もビニール袋に伸びていた。

クリスマス会の前日、気がついたら袋の中いっぱいだった駄菓子は、詰め合わせではなく、単体のうまい棒二本になっていた。うまい棒は一本十円だから二十円分のクリスマスプレゼント――うまい棒とはいえ、さすがにまずい。俺はない知恵を絞って、とにかく自分が持っているものを入れてごまかそうという考えにいたった。

俺が持っているもので人にあげて喜ばれ、しかも三百円以内の品物。そのうえ俺がいらないもの……探してはみたがそんなものは存在しない。いらないものをもらって喜ぶ人などいない。結局問題は解決されることなく、クリスマス会場にはビニール袋に詰めたうまい棒二本を人に見つからないように持っていくしかなかった。

会場に到着すると、すでにちらほらと子どもたちの姿が見えた。クリスマス会といっても飾り立てられたツリーを置いていたり、誰かのお父さんがサンタクロースに扮装して登場するなどの気の利いた演出は一切ない、ただの集会場であった。

期待もしていなかったので、特にがっかりすることもなかったが、大人たちのやる気のなさがうかがえて唖然とした。そんなにやる気がないのならやらなければよかったのにとも思ったが、いろんな大人の事情があるのだろう。そんなことを考えつつ畳の上でパーティーの開始を待っていると、やがて一つのダンボールを抱えてプレゼントを集めている人の姿が見えた。どうやら公平にプレゼントが行き渡るように、一ヶ所にまとめて配る段取りのようだ。

俺は人に見られないように充分な注意を払って、ダンボールの中にうまい棒を納めた。

いよいよ始まったクリスマス会だが、サンドイッチとおにぎりと唐揚げが置いてあるだけ……大人たちのやる気のなさが表れたテーブルだった。遠目に見えた寿司は大人用ということだった。

テーブルの上の食べ物が残り少なくなってきたあたりで、本日唯一のイベント、プレゼント交換が行われることになった。

子どもたちは一つの大きな輪になって座り、音楽に合わせてプレゼントを回し、音楽が終わった時点で手にしていたものが、その人へのプレゼントというありがちなルールだった。

できるだけ質のよいプレゼントをもらいたい子どもたちは、いったいどんなものがあるのかと一通りみんなの手元を見回している。

「うわ〜！　ガンプラあるやん！」

当時流行っていたガンダムのプラモデル……明らかに当たりの商品だ。

もちろんその中には俺が用意したプレゼントを持った子もいる。

「なにアレ！　うまい棒とか誰が持ってきたとや〜！」と非難の声があがる。

うまい棒二本……明らかに外れである。みんながその二つの商品に注目している空気を感じた。

もしもうまい棒が自分に回ってきたら……その場の子ども全員がそんな顔をしていた。

子どもたちの間に生まれた微妙な空気を読み取れない大人の合図をきっかけに、ラジカセからリズミカルな曲が流れ始めた。気のせいか、俺のうまい棒入りビニール袋を手にした子どもの動作が心もち速い気がする。それだけは避けたいという心の表れだろう。

二周くらい回ったときに曲が止まった。うまい棒が当たったのは二年生くらいの小さい男の子だった。その子は自分へのプレゼントがうまい棒だと決まった瞬間、泣き出してしまった。申し訳なかったが、どうすることもできなかった。

気まずい一方、俺が手にしたのは人気があった漫画本だった。交換してあげたかったが、それはできなかった。ここで変な優しさを見せると目立ってしまい、うまい棒の犯人とバレてしまいかねないからだ。運よく、子ども思いのいいお兄さんと思われても、それはそれで心苦しい。

俺はいいお兄さんなんかではない、諸悪の根源なのだ。

クリスマス会はもううんざりだという子どもたちの思いが通じたのか、単に面倒なのかはわからないが、それ以降、会が開かれることはなかった。

餅投げ

全国的なイベントなのだろうか？　少なくとも俺の実家付近では、餅投げという比較的メジャーなイベントがあった。

これは家を新築する際、柱が立ち、屋根に瓦が張られたタイミングで行われるもので、その名の通り屋根の上から餅を投げ、その投げられた餅を集まった近所の人々が拾うというイベントだ。紅白の幕を張り、紅白の餅を投げていた点からすると、おそらくお祝いの意味で開かれていたのだろう。だが、そんな小難しい事情は子どもには関係ない。ただ餅がもらえる、それだけで充分なのだ。

投げられる餅はビニールに包まれていて、中には小銭が一緒に入っているものも混じっていた。現金が投げられる夢のイベント——この餅投げに参加することによって一財産築けるのだ。

俺たち仲良しグループは、餅投げが行われそうな家がないか、常にアンテナを張り巡らせていた。基礎ができた家を見つけると「藤好さんの家、五日くらいに餅投げがあるね〜」とおおよその日取りを予測していた。なんともセコい小学生だが、わざわざ小学生の俺たちに餅投げの日取りを教えてくれる大人はいない。自分たちで餅投げアンテナを張っておくしか参加する方法はないのだ。

子どもが虜になる魅力的な行事なのだから、餅投げには当然大人も大勢集まる。数々の餅投げに勝手に参加していたが、怒られなかったところをみると参加資格は誰にでもあったのだろう。

あらかじめ予測をつけておいた家の餅投げが行われた。

「おい！　餅投げがあるぞ！」

噂を聞きつけた友達がその日も俺を誘いに来た。大急ぎで現場に走った。すでに紅白の幕が張ってある。いよいよ待ち受けていた餅投げだ！　頑張り次第では相当な小銭を得ることができるが、最悪、大勢の人々の中、たった一個の餅も拾えないで終わる場合もある。

緊張した空気の中、固唾を呑んで餅が投げられるときを待った。お祝いの歌や挨拶などが終わると餅投げのタイミングだ。

――いよいよ投げられる。集まった人々の間で緊張が高まる。

――ついに屋根から第一投目が投げられた！

大人も子どもも必死だ。タダでものがもらえるとなると大人も子どもも、男も女も関係ない。みな同じように浅ましいのだ！　地面に落ちた餅を拾おうと俺が手を伸ばした瞬間、おばさんの手がありえない速さで伸びてきて横取りされた。だがおばさんを恨むのはお門違い。それがルールなのだ。最終的に手にした者の勝ち……すぐに気持ちを切り替え、他の餅を取る努力をしなければならない。

餅投げは数分で終わる。実際の時間はわからないが五分くらいの長さだと思う。五分が過ぎ、浅ましい争いが終わった。結果はいつも大体同じ……二〜三個のうち一個に五円玉一枚というパターン。友達もみな似たような結果だった。俺は毎回納得がいかなかった。中には五十円玉、百円玉が入っていたと歓喜の声をあげる者がいたからだ。

その日、俺たちはちょっとした反省会を開いた。

「なんでちょっとしか取れんとかね〜？」

「う〜ん……」

答えがなかなか出ない沈黙の中、友達の一人が声をあげた。

「大きな布をみんなで広げれば、どげんやろうか?」

……名案である。庭いっぱいの布を用意し広げれば、ほとんどの餅は俺たちのもの! シンプルイズベストとはよく言ったもので、なんとすばらしいアイデアだろう! 誰一人この名案にケチをつける者はいない。

思い返せば風呂敷を広げて餅を取っていたおばさんも、実際いたではないか。なぜもっと早くに気づかなかったのだろう。過ぎたことはしかたがない。大切なのは今後なのだ。

俺たちはまだ予定のない餅投げに向けて準備を始めた。各自家から不要になったボロ布、粗大ごみの日に落ちていたカーテン、とにかく布という布を集め、それらをガムテープで繋いで、一枚の大きな風呂敷を作った。広げてみると一般的な家の庭の三分の二くらいの広さになる風呂敷ができあがっていた。

「これで今度の餅投げはいっぱい取れるね」と来たるべき日に期待を寄せて、一人の友達の家の裏に隠しておいた。

何ヶ月経っただろうか？　家を建てるのは一生に一度あるかないかのこと、そうそうある話ではないのだが、ようやく待ちわびていた餅投げの情報が入ってきた。俺たちは改めて布を確認し、士気を高めた。

いよいよ当日。布をたたんで現場に持っていった。布は餅が投げられる寸前に広げようという作戦だ。あらかじめ広げて待っているとクレームがつく恐れがある。勝負は、餅が投げられる寸前だ！

前回と同様祝辞が終わり、餅を手にしたおじさんの腕が大きく振りかぶった瞬間、俺たちは秘密兵器を広げた。まわりの大人たちは俺たち子どもの力を舐めていたのだろう。露骨に驚きの表情を見せた。中には「それは卑怯では？」と言わんばかりに顔をしかめているおばさんもいた。だがそのおばさん自身も風呂敷を広げているではないか。とやかく言われる筋合いはない。今日の勝者は俺たちなのだ。誰にも邪魔はさせない。

投げ出された餅が布にどんどん入っていく！　なんという光景だろう。俺たちが目と目を合わせ、勝利を確信したそのとき――なんと布が裂け始めたのだ！

餅の重みを計算していなかったのと、張りきって布を引っ張りすぎた結果、ガムテープだけで作った風呂敷はバラバラとなり、ただのボロ布に戻ってしまった。

いったん手に入った餅はパラパラと地面に転がり落ち、他の参加者にみるみるうちに拾われていく……切ない……切なすぎる光景だった。

結局この日は誰も餅を拾うことはできなかった。それからというもの、誰でも参加できる餅投げではあったが、まわりのおばさんたちの視線に引け目を感じた俺たちは、自主的に参加を控えるようになった。

小学生の情事

八十年代はアイドル全盛期だった。

松田聖子、石川秀美、堀ちえみ、河合奈保子、松本伊代、早見優、岩井由紀子、小泉今日子……全て書くのは控えておくが、たくさんのアイドルたちが活躍していた。

きらびやかな衣装を着てステージで歌う彼女たちに、幼いながら小さな胸をときめかせ、テレビ越しにでも出会えるのを楽しみにしていた。

そんな中で密かにだが、熱く好きだったのが中森明菜だった。なぜ密かにかというと、今の小学生みたいに、男女手を繋いで登校するのがなんでもない時代ではなく、女子と会話しただけで「ヒューヒュー」と冷やかされるような時代で、女性アイドルが好きなんてことが同級生にバレたりしたら、冷やかしの対象になることが目に見えていたからだ。だから、好きだとはいっても、ひっそりと歌番組を観て楽しむくらいの毎日だった。

中森明菜への熱い思いを胸に秘め、過ごしていたある日、駄菓子屋にアイドルクジが登場した。ブロマイドのクジで、外側から見えないよう一枚一枚異なるアイドルのブロマイドが青色の紙袋に入れてあり、三十円払って一枚引くというなんともギャンブル性の高いものだった。

欲しいのはもちろん中森明菜のもの。けれども男性アイドルも含まれており、当たりを引く確率は非常に低い。おこづかいが月に二百五十円だったから、全てを費やしても八回しか引けない。たった八回で中森明菜を引き当てる自信はない。もちろん「中森明菜、入ってますよ～」というお店の人からの情報もない。そもそもこの駄菓子屋に卸されるクジの中に、中森明菜が入っていない可能性も大いにある。しかし中森明菜を引き当てたらいつでも好きなタイミングで彼女に会える。

天国と地獄——悩んだ……悩み抜いた……。

テレビでしか会えない彼女。音楽番組がある日でも、親が他の番組を観ていれば彼女には会えない。アイドル雑誌を買う金も勇気もない俺に、こんなチャンスはそうそうあるものではない。

俺は意を決し、お店へ走った。駄菓子屋の周囲に同級生がいないかを必要以上に確認し、お店の人に三十円渡してクジを引いた。その一通りの動作にかかった時間は、不自然なくらい短かったと思う。人に見られないよう、そしてお店の人にも「マセた子どもだな～」と思われないように……。

青い袋を手に入れた俺は、恥ずかしさとクジの結果知りたさに走り出した。走りながら、誰の目にも触れずにすむ場所を探した。体がやっと入るくらいの建物と建物の間を発見し隠れた。ドキドキいっている心臓を深呼吸で落ち着かせ、そっと青い袋からブロマイドを取り出した。

――シブがき隊のフックン……。

中学生が初めてエロ本を買うとき以上に、神経をすり減らしてフックン。フックンには悪いが、「なんでフックンなんや!」と心底思った。しかし、受け止めなければならない現実。彼女を自分のものにしたい感情はもう抑えきれない! 自然と駄菓子屋に向かって足が動き出した。このときの俺は、全ての財産を彼女に費やす覚悟ができていた。もう恥ずかしさなどなかった。彼女に会いたい……それだけだった。そしてまた三十円を渡し青い袋を引いた……。

——中森明菜。中森明菜？　中森明菜！　中森明菜だ～!!

常々運が悪かった俺は目を疑った。でも俺の手の中にはちゃんと彼女がいる！　俺は彼女を手に入れた。うれしくてたまらなかった。

駄菓子屋に向かった俺は独りだったが、帰り道は二人だった。

女性を家に連れて行くのはもちろん初めて……。待てよ？　家には親がいるではないか。親に見つかったら一大事だ！　小学生のクセにもう女性に興味があるとバレるのは、身内に悟られるのが一番きつい。友達に見つかる以上に親に見られるのはまずいのだ！

隠し場所を考えたが、家の中には絶対に安全と思える場所はなかった。

考え抜いた挙句、土の中に埋めることにした。ブロマイドが腐らないよう、丁寧にビニール袋に包んで庭の隅に埋めた。

彼女に会いたくなったら土を掘り起こし、二人の時間を楽しんでまた埋める。

やっと手に入れた彼女だったが、こそこそと会うしかなかった。まるで浮気相手と会うために、勤務時間中にホテルで密会するサラリーマンという感じだろう。

小学生ながら、愛には障害がつきものだと知った。

その後、中二になり引っ越したのだが、別れの挨拶もすることなく彼女とは離れることになった。大切なビニール袋はそのまま土の中に埋まっている。

彼女は今でも決して色あせず、あの頃の美しさを保っていることだろう。

ぽっとん便所

何歳ぐらいまでの人がご存じなのだろうか?

俺の世代がギリギリ知っているくらいだろうか?

定かではないけど昔、ほとんどのトイレは水洗ではなくぽっとん便所だった。

知らない人でも和式の水洗トイレはご存じかと思う。イメージとしてはその和式の便器に大きな深い穴が空いていて、水で流すのではなく、そこに大便を落とすだけという非常にシンプルなシステムのトイレだ。おそらく〝ぽっとん〟という大便が落ちるとき発生する音からくるネーミングだと思う。〝ぼとっ〟だと可愛げがないし、〝べとっ〟だと妙にリアルすぎて女性には言い辛かったことだろう。その点、〝ぽっとん〟はきちんと意味をなしているし、実にファンシーな響きもする。このネーミングを考えた人は、コピーセンスのある人だと感心させられる。

落とすだけでは大便は溜まっていくばかり。月に一回くらいの割合で業者がやってきて、バキュームカーで汲み取り作業を行っていた。今みたいに水で流すわけではなく、大便そのものが、そのままの状態で溜められていたゆえに、トイレは臭いものだとダイレクトに感じることができた時代だった。

便器の穴を覗くと大量の大便の山が見える状態。幼いときはその穴に恐怖を感じていた。何かものを落としたら一巻の終わりなのだ。溜まっている大便の量が多いときは、棒っきれなどを使えばなんとか取れないこともないが、落としたものが本だったとしたら捨てるしかない。大便まみれの本はどうしようもない。そのものが持つ機能を一気に奪ってしまうという恐ろしさがぽっとん便所にはあるのだ。

今はどうだか知らないが、当時、学校で大便をするという行為は許されるものではなかった。誰か一人にバレたら確実に、情報はクラス中に知れ渡ることになる。そして「うんこマン」の称号を与えられバカにされるのだ。「腹の調子が悪かったから」とか「漏らすよりいいでしょ?」などという言い訳は一切通用しない。それなりの期間、うんこマンとしての生活を強いられてしまうため、タブーとされた行為であった。

しかし、その日の俺はどうしても我慢ができなくなっていた。うんこマンになりたくなくてずっと我慢はしていたが、腹の具合は極限状態になっていた。意を決し、タブーを犯すことにした。それでも、極力誰にも見つからないように注意を払って便所の中に駆け込むと、なぜか個室の前で、下級生の女の子が泣いていた。人に見られたが小さい子だから大丈夫だろうと、構わず個室に入った途端、女の子の泣き声がいっそう大きくなった。気にはなったがかまっている余裕はない。ズボンを下ろし用を足そうと便器の穴の中を覗いたとき、女の子が泣いている原因が初めてわかった。

大便の山の頂上に青い物体が見えたのだ。財布だった。

「Dr.スランプ アバレちゃん」と書いてある青い財布。

アラレちゃんのバッタもんの財布だった。

おそらく大便の最中に財布を落としたのだろう。だが上級生の俺にもどうすることもできない。「アバレちゃん、ゴメン!」勝手に女の子の名前をアバレちゃんとして、俺はアバレちゃんのアバレちゃんに大便を落とした。個室から出てきた俺を恨めしそうに見ていたアバレちゃんの瞳は今でも覚えている。

このようにネーミングの可愛らしさとは裏腹に、実際のぼっとん便所は過酷なドラマが展開される場所であった。


セミが親の仇みたいにミンミン鳴きまくっている暑い日、「うるさいな〜」と思いつつ家で遊んでいると、セミの鳴き声に合わせるように「うわーん、うわーん」と誰か泣いているような声が聞こえた。気のせいだろうと遊び始めると、また「うわーん、うわーん」と声がする。何度も聞こえてくる声がさすがに気になり始め、どこから聞こえてくるのだろうと音のするほうに足を進めた。すると泣き声はトイレから響いているではないか。だが近づいているにもかかわらず声の大きさは相変わらず小さい。しかし確実に声はトイレの中から聞こえている。

トイレのドアを開けてみた……誰もいない……。

だが泣き声は聞こえてくる……とてつもない恐怖と共に便器の穴の中を覗いてみた。なんと人がいるではないか！　ぽっとん便所の中に人……俺の理解をとうに超えている現実が目の前にあった。しかも中にいるのは俺の弟！　弟が便所に落ちて泣いていたのだ！

これほどの驚きはそれまでの人生でなかっただろう。

アバレちゃんは無視できたが、さすがに弟を無視するわけにはいかない。だが便器の中の人を救出した経験はなく、たじろぐだけでどうすることもできない俺は、とりあえず親父に知らせた。親父は棒と自らの手を使って大便まみれの弟を抱き上げた。

弟は無事救出されたからよかったものの、下手したら命の危険もあったのではないだろうか？　現在、弟はこの両親の懸命な救出劇によって助かった命を、レントゲン技師となり活かしている。昔のトイレには、今のトイレ事情では考えられない危険が潜んでいたのだ。

追伸　ぽっとん便所と書いてきましたが、ぼっとんと言う人もいるみたいですね。

戦争の傷跡

俺の住んでいた町には、戦時中に使用された防空壕や火薬工場の跡が残っていた。知っているだけでも火薬工場は二ヶ所、防空壕にいたっては無数にあり、戦争の痛ましい出来事などあまりよく知らない子どもたちにとっては、ひたすら冒険心をくすぐるものでもある。立ち入らないように火薬工場には柵が設置してあったが、悪いことだと知りつつ好奇心には勝てず、格好の遊び場にしていた。

火薬工場は誰も入ってこないことから、自分たちだけの秘密の場所だという独占欲を充分に満たしてくれる楽しい場所だった。加えて不謹慎だとは感じながらも、戦争のときに使っていた建物だということで、ちょっとしたゾクゾク感が得られる場所でもあった。怖いことは怖いのだが、小学生の好奇心はちょっとくらい怖いほうが満たされるものである。そんないくつかの理由から、たびたび火薬工場の中で遊ぶようになっていた。行くときにはたいてい四、五人の友達と一緒で怖くもなかったが、一人だととても不気味で入ることはできなかっただろう。

そんな中で誰も入って来ないのをいいことに、各自家からジャガイモとマヨネーズを持ってきて、焚き火をし、芋を焼いて食べることがとても楽しみだった。

けれども、それだけではなかった。密かに俺の心の中だけで抱いている楽しみが他にもあったのだ。火薬工場の敷地内にはかなりの数のエロ本が落ちていた。おそらく近所の中学生たちが必要のなくなったエロ本を捨てる場所だったのだろう。実際、俺自身が中学生になりエロ本を読むようになったとき、いらなくなったエロ本の捨て場所には相当悩んだものだった。人に見つからず、捨てても目立たない場所……エロ本の墓場になるそれらの条件を火薬工場は満たしていた。

エロ本が散乱していることにはもちろんみな気づいているものの、恥ずかしさもあって口々に「ゲーッ！　エロかね～」とか「気持ち悪か～」とエロを否定する発言ばかりだった。

俺は心の中で「じっくり見たか～」と思いながらも、友達に合わせて「うえ～気持ち悪かね〜」と口にしていた。とても「じっくり見てみようよ」という意見は言えない状況だった。

「うん、見よう！　見よう！」とみんなが賛同してくれれば何も問題はない。

ところがもし「お前、エロ本見たかとや〜？」となった場合、翌日学校で、見ることすらしていないのに、「あいつは、エロ本持って帰ったぞー」と俺のいないところで尾ひれをつけて言いふらされ、変態扱いされるに違いない。だから友達の前でエロ本を肯定することは決して言えなかった。

それでも俺の中の抑えつけられた感情は日増しに大きくなっていく。火薬工場の前を通るたびにエロ本のことを考えるようになっていった。エロ本は見たいが一人で行くのは怖い。実際行くことはないだろうと思っていたのだが、ある朝、学校に向かう途中、いつもは火薬工場の中にしかないエロ本が、入口に近い場所に落ちているのを発見した。「あの距離なら一人で行っても怖くなかね」と考え始めた俺は、授業も上の空で、単身、火薬工場に乗り込む決心をしていた。

いったん家に帰り、ランドセルを置いて火薬工場に歩き出す。この時点ですでに心臓はドキドキしていた。怖い火薬工場に一人だけで行くドキドキと、エロ本をじっくり見ることができるドキドキが入り混じって、相当なドキドキになっていた。

火薬工場の入口に辿り着いた。まだ学校から遅めに帰ってくる小学生の姿があったので、完全に誰もいなくなるタイミングを見計らって、比較的低くなっている柵を越えた。

一人で入る火薬工場は想像以上に怖かった。戦争時の建物だから亡くなった人もいっぱいいるはずだ。そんなことをちょっとでも想像すると、幽霊が出てきそうで耐えられなくなり「エロ本♪　エロ本♪」と楽しげなメロディーをつけ、心の中で繰り返し歌って自分自身を励ましながら奥へ進んでいった。

エロ本まで目前に迫ったとき、何かの気配を感じた。俺は幽霊の出現かと身構えた。だがその気配は幽霊ではなかった。ズボンを下ろした中学生くらいの男が一人、エロ本を物色していたのだった。中学生の行動が意味するところはわからなかったが、見てはいけないものを見たと本能で察し、咄嗟に殺されると勘繰った俺は、一目散に柵があるほうに走った！　ついさっきまでの「エロ本♪　エロ本♪」という楽しげなメロディーは、いつしか「殺される！　殺される！」という悲鳴に変わっていた。

俺は柵を越えようとしたが焦りすぎて、完全に登りきる前に飛び降り、柵に服の一部が引っかかってしまった。逃げるのに精一杯でそのときは気づかなかったが、足を見たら相当ひどく擦りむいていて血が溢れ出ていた。

エロ本をチラッとも拝むことなく、結果として男子中学生のチンコを見るためだけにドキドキし、大怪我を負った俺は、火薬工場に対する冒険心がその後一切なくなってしまった。

消えたブリーフ

母は、俺の持ち物全てに名前を書いていた。

たて笛であったり、絵の具、鉛筆、消しゴムなどの筆記用具であったり……およそ学校に持っていく全てのものに名前が書かれていた。

ものを失くさないようにという配慮からなのだが、それは洋服の襟の裏、靴下、ブリーフにまで及んでいた。

洋服は体育の時間に着替えるので、失くしてしまう可能性がないわけではない。けれど学校でパンツを脱ぐ機会はそうそうないのではないだろうか？　それとも母は俺が学校では、むやみにパンツを脱ぐキャラだとでも、思っていたのだろうか？

低学年まではその母の行為を、当たり前だと思い疑うことはなかった。だけどさすがに高学年ともなると、決まりが悪いものだ。まわりの友達の持ち物から次第に名前が消えていったことに気づき、俺もやめてくれと頼んだ。

やがて六年になり、そんなことはすっかり忘れていた頃に事件は起こった。小学校生活での最大のイベント、修学旅行でのことだ。

あくまで勉強の一環という名目の修学旅行、しかしそんなことは小学生には関係ない。ただの楽しい旅行でしかない。先生たちは旅のしおりを作成し、事前に旅先の文化や歴史のことを勉強させようとするものの、おそらく誰一人勉強しに行くという高い意識はなかったのではないかと思う。

修学旅行という言葉は甘い響きで、無条件にワクワクしてしまう。俺は過剰にワクワクして、必要のない心霊写真集三冊をバッグに詰め込んだ。みんなで夜中に見たら、相当盛り上がれると思ったのだ。重いのにご苦労なことである。

ワクワクしていたのは俺だけではない。中にはファミコンの本体を持っていくという友達まで現れた。みんなそれぞれにワクワクしていたのだろう。学年全体が浮かれムードたっぷりだった。

出発の前夜、いても立ってもいられずに、親が用意してくれた旅行カバンをもう一度チェックしてみた。何か不備があったら楽しい旅行が台無しになってしまう。

旅のしおりは入れた。二日分の洋服も入っている。お土産を買うお金も持った。心霊写真集三冊も入れた。酔い止めの薬も、替えの下着も……。

そこで非常な違和感を覚えた。

この違和感はどこから来るものなのか……もう一度荷物を見直すことにした。

なんだ?? この奇妙な感覚は?

心霊写真はいつも通りの心霊写真――しおりも何も問題ない。

一つひとつの荷物を再び丁寧にチェックし、ついに違和感の正体を見つけた。

白いブリーフに黒いマジックで「サイトウ」の文字……。

なんと、久しぶりにパンツに名前が書かれていたのだ。よく見ればパンツだけではない。靴下もシャツにも全てにマジックでサイトウの文字……。

旅先で舞い上がって失くしてしまうのを心配したのだろう。余計なことを! せめて漢字で書いてくれればいいのに、どういうわけかカタカナ。丁寧さも何もない書きなぐった感まるだしの筆跡。カタカナで書かれることによって間抜け具合がさらに倍増しているのだ。

修学旅行では、みんな一緒に大浴場に入る。パンツのサイトウを発見される確率は非常に高い。親に文句を言って変えてもらおうかとも思った。だけど一応、修学旅行ということで新品のブリーフが入れられていた。穿き慣れたブリーフは洗濯では落ちないレベルの汚れがついており、それはそれで恥ずかしい。冷静に考え直し、俺はサイトウパンツを持って行くことにした。どうせ名前が書いてあるのはブリーフのゴムが入っている部分。気をつけていれば人に見られずにすむ。通常穿いているパンツの場合、汚れは股間の部分に集中している。確率的に、まだサイトウパンツのほうが安全でもあったのだ。

目的地は長崎だった。グラバー園、大浦天主堂など洋風の美しくて洒落（しゃれ）た建物を見学した。楽しくもあり、勉強にもなり、充実した一日を過ごした。夕方になりホテルに到着。ホテルに泊まることなど滅多にないので、否が応でもテンションが上がった。

各自決められた部屋に荷物を置き、風呂に入る時間になった。細心の注意を払う必要がある時間にもかかわらず、気分が高揚していた俺は、すっかりサイトウパンツの存在を忘れていた。

気にしないことが一番だったらしく、結果、誰からも見つからずにすんだようだ。修学旅行という非日常的な環境では、つまらないことでも全てが特別なイベントに感じられてしまう。

結局あんなに危惧していた風呂場でも楽しく過ごし、部屋へ戻っていった。部屋の隅で着替えをバッグにしまっているとき、重大なことに気づいた。

――パンツが一枚ない！

今穿いている綺麗なパンツとは別に、手元にあるはずの、今日一日穿いていたパンツがないのだ。

脱衣所に忘れてきたか？

そう頭に浮かぶと同時に、大浴場に走った。あのパンツを人に見られるわけにはいかない！　名前が書かれてあるうえ、一日中、アクティブに動き回ったせいで、汚れもきついはずだ！　学年でサイトウは俺一人しかいない。心ない人に見つかりでもしたら大変なことだ！

ホテルの廊下を全力で走り抜け、大浴場に辿り着く。まだ何人か脱衣所に残っていた。どこだ？　俺のブリーフ！

三枚千円のブリーフを、こんなに大切に思ったことはかつてなかった。

無我夢中になって、入浴の際に俺が使ったロッカーに飛びつき中を確認した……。

ない……。

ないわけがない。大浴場を離れて五分と経ってないはずだ。俺は全てのロッカーと脱衣カゴを見て回った。


ない!!


探すところがなくなり、ゴミ箱、浴槽、トイレの中まで漁った。

ない!


——それでも見つからない。いったん冷静に考え直してみる。

脱衣所に忘れたのではなく、帰りの廊下で落としたのではないか?

もっと早く気づくべきだった! もし廊下に落としているとしたら、簡単に見つかってしまう。みんなが通る廊下は決まっている。しかも廊下は赤色なのだ！

赤に白……目立つ！　目立ちすぎる！　赤い廊下に白いブリーフが落ちていたらコントラストの美しさに嫌でも気づく！　あとは、それを拾い上げ名前を確認されてしまうかどうかだけの問題だ。運よく名前が隠れている状態で落ちていてくれたら気づかれない。

他人のパンツなどあまり触りたくないはずだ！

そのわずかな可能性に賭け、俺は廊下を再び走り出していた。大浴場から自分の部屋までの道のりを戻ってみたがブリーフは落ちていない。おかしい！　ブリーフが消えるはずがない。

俺は廊下を早足に何往復もした。たぶんホテルの従業員が一日中働いても、そんなには往復しないだろうというくらい行ったり来たりした。それでもブリーフは見つからなかった。

何度も往復しているうちに食事の時間になっていた。晩ご飯は大広間に全員集合して食べることになっている。集団行動の輪を乱すわけにはいかず、ブリーフの行方が気がかりなまま大広間に向かった。

食事が始まっても、考えるのはブリーフのことばかり。ああ、俺のブリーフ……。どうしても諦めきれなかった。食事が終わったらもう一度、捜索範囲を広げホテル内をくまなく探す決意をした。修学旅行の食事は楽しいもののはずなのに……まったくついてない。

食事タイムよ！　早く終われ！　早く終われ!!　と念じ続けていただけのつまらない夕食。すると俺の思いが通じたのか、先生が前方にある壇上に立ち、明日のスケジュールと就寝時の注意事項を伝え始めた。

やっと終わる！　とホッとしたのもつかの間、驚きの発言が飛び出した！

「えー、忘れ物、落とし物が結構あるので、自分のがあったら取りに来てくださーい」

冗談じゃない!!　先生！　勘弁してくれ！

焦っている側で、もう一言……。

「名前が書いてあったものは事前に渡しとるけん、今からのは名前が書いとらんものだけん、よう見とけよ」

——よかった……俺のブリーフには名前がしっかり書いてある。もし先生の手に渡っていたのなら俺のところに密かに届けられているはずだ。

とりあえず、みんなが注目している中で、恥をかくことは避けられた！

「はい、このボールペンは誰のか？」

一品一品、生徒に掲げながら、落とし主が探されていった。全員が先生の手元に注目している。

助かったと安心しきっていたとき、先生の手元に一枚の白いブリーフが現れた。一瞬ドキッとはしたが大丈夫、俺のではない。安心していい。俺のブリーフには名前がはっきり書かれてあるのだ。

「このパンツは誰のだ？」

先生がブリーフを広げると、大広間に笑いが巻き起こった。パンツを落とす間抜けがいるとは想像しがたい。もし自分のだと気づいたとしてもこの大爆笑の中、名乗り出る勇気はないだろう。あくまで他人事だと楽観していたとき……。

「あら？　名前書いてあるやん」

――一気に体中から汗が噴出した。

ゆっくりと先生の手元に目をやると、遠目にもわかる黒マジックのカタカナ。それは俺のブリーフだった。

「齊藤、取りに来い」

……生徒全員からブリーフを見られ、最上級の屈辱を強いられた。

楽しい思い出を残すはずの修学旅行……。恥ずかしさから俺はそうそうに布団に入り寝たフリをし、やり過ごすしかなかった。

その夜みんなで見て盛り上がろうと思って、わざわざ重いのに持って行った心霊写真集三冊が開かれることはなかった。

自作のシェルター

幼い頃は怖いものがいっぱいあった。

親父が怒ったらもちろん怖かったし、見たこともない幽霊という存在も怖くてしかたなかった。それらは一般の小学生なら、同じように怖いと感じていたものだろう。

それに加えて俺は、多くの人にとっては怖くもなんともないであろうものにも恐怖を感じていた。

例えば、電話をかけ間違えたときに流れる女性のアナウンス。

「お客様がおかけになった番号は、現在使われておりません。番号をお確かめになってもう一度おかけ直しください」

というアレだ。どういうわけか、そんなどうってことのないアナウンスにひどく怯えていた。今のアナウンスに比べて昔のものは、随分無機質な声だったような気もする。

「オキャクサマガ　オカケニナッタ バンゴウハ……ゲンザイ……ツカワレテ　オリマセン……」

まるでロボットが言っているような、人間味を感じない声が不気味でたまらなかった。友達に電話するつもりが間違えてかけてしまい、そのアナウンスが聞こえてくると、必要以上に素早く、ガチャッと切って不安な気持ちになっていた覚えがある。

もし間違えてアナウンスが流れたらどうしよう……という思いから、電話をかけられなくなった時期があったくらいだ。

極端なマイナス思考。今となっては、なんであんなに怖かったのかわからないが、とてもアナウンスの声にびくついていた。無機質な声に怯えていたことを知ってか知らずか、母親は俺が悪いことをするたびに「ワーターシーハー……ウチュウジンダー……」と似たように無機質な声を発しながら、完成度がとても低いロボットダンスみたいな動きをして制裁を下していた。

ビックリすることに、俺はそれさえも本気で怖がっていたのだ。

「オーマーエーヲー……ウーチューウニー……ツレテイクー……」

そう言われると、本当に連れて行かれるんじゃないかと泣きそうになっていた。まともに考えれば、毛玉だらけの寝巻きを着た宇宙人がいるわけがない。それくらいのことは充分に理解できる年齢だったと思うのだがとにかく怖かった。

さらにもう一つ怖いものがあった。ノストラダムスの大予言だ。

ノストラダムスの予言によれば、一九九九年七の月に、恐怖の大魔王が空から降ってきて地球の終わりがやってくるというのだ。

偉い人たちの解釈によると、炎をまとった無数の隕石が落ちてきて地球がなくなるという……恐ろしい。友達の間でも随分話題になった。みんな「怖かね〜」とか「俺は〇〇歳までしか生きられん」とかそれぞれ恐怖を感じていたようだが、誰も具体的な防御策を立てることはしなかった。

当たり前である。そんな地球規模の問題を、熊本の田舎の小学生が解決できるはずがない。

だけど俺は、この大問題を簡単に諦めなんの手立ても講じようとしない友達にイライラしていた。

諦めたら終わりやろうが！

心の中で叫んでいた……バカである。俺は知恵を絞り助かる策を本気で考えた。結果、地下シェルターを作り、大魔王が来た際にはそこに逃げ込もうという考えにいたった……バカである。

なんのとりえもなく、どっちかと言ったら冴えないグループ所属の小学生に、シェルターなんか作れるわけがない。

そんなことは百も承知だが俺は真剣だった。友達には申し訳ないが、俺だけは助かってやる！

ノストラダムスの予言に逆らうほどの熱い心はあった。だがシェルターの作り方はわからない。本で調べるとか、どこかで知識を得ることなど気の回らない俺は、考えあぐねて差し当たり家の庭に穴を掘り始めた。地球滅亡の日まで、まだまだ時間はある。細かいことや必要なものを揃えるのは大人になってやればいい。今から掘ればその余裕は充分あるだろう。

断末魔の恐怖を想像して穴を掘り進めているうち、次第に好き勝手な妄想を繰り広げ始めた——。

予言の当日、俺はシェルターをすでに完成させていた。テレビからは地球滅亡のニュースが流れ、人々はパニック状態。助かりたい一心で友達はシェルターに入れてくれとせがんでくる。あいにくシェルターは二人用なのだ。友達を入れることは悪いができない。なぜ二人用かというと、俺の奥さんと二人で入るためなのだ。奥さんには同じクラスの可愛い女の子、たかこちゃんを勝手に任命していた。

俺は奥さんであるたかこちゃんと二人、シェルターの入口に立ち「みんな〜ごめんね。このシェルターは二人用なんだ。だから君たちは助けてあげられないんだ」と言いながら中に入っていく。俺のおかげで命を繋いだ彼女は、「ありがとう！　さすが齊藤くんね。他の子たちとはどこか違う感じがしてたの。これから二人きりで生きていきましょうね」そう言って俺にキスをする……。

園芸用の小さなスコップで土を掘りながら、都合のよい妄想をしてすっかり気持ちよくなっていた。

穴は直径三十センチ、深さ二十センチほどにしかなっていない。だが満足だった。まだまだ時間はあるのだ。次の日も、またその次の日も、同じ妄想をしながら穴を掘り続けた。昨日より確実に深く掘れていた。

妄想真っ只中、俺の背後から「なんばしよっとか！」と怒鳴り声がした。母だった。それはそうだ、勝手に庭に穴を掘っているのだから怒るに決まっている。だが俺は地球滅亡について説明した。

「穴ば掘らんと死ぬとよ！」、「お母さんも入れてやるけん！」と穴掘りの正当性を必死に語った。すると……。

「ワーターシーハー……ウチュウジンダー……」

俺は泣きながら掘った穴を埋め始めた。

誕生会

誕生日といえば、子どもにとっては無条件にうれしいものである。プレゼントをもらったり、毎日の食卓ではそうそう目にすることがない、ケーキやご馳走を食べることもできる。

ところが俺にとっての誕生日は、幼い頃からそれほど楽しみな日ではなかった。多くの家庭では誕生日にはちょっとしたパーティーが開かれることだと思うが、俺の家はパーティーとは無縁だった。一度も開かれたことなどない。

家庭の経済的事情もあって、誕生会といえば学校で月一回行われるもの。ちょっとしたお菓子が出るわけでもなく、ティッシュで作った赤と白の貧乏くさい花と、折り紙で作った輪を鎖状に繋げた定番の飾りつけがされた教室で、誕生月の同級生に向けて、手品をしたり歌を歌ったりするだけの、ありがたくもなんともない会という印象しかない。

そんな誕生日感だったから、その年も特別期待はしていなかった。

ところが、誕生日前日の朝、母が驚きの発言をした。

「明日誕生会やるから学校終わったら友達連れておいで、五人までならいいけん」

予想もしてない発言だった。

きちんと人数制限するあたりが裕福でないことを物語っているが、それでも初めての母の提案がとてもうれしかった。

誰を呼ぼうか、料理はどんなものが出るのかと期待に胸を膨らませていた。

学校へ行き、厳選したパーティー招待者たちにその旨を知らせた。


翌日、全ての授業が終わり、いよいよパーティーが開催される時間になった。五人の友達と共に自宅に向かう。古いだけの炭鉱社宅、それも今日だけは特別。誕生パーティーらしい飾りつけのされた部屋、歳の数だけのローソクが立てられたケーキ、気の合う仲間たちとおいしい料理を囲んでの愉快なひととき……賑やかな状況を想像しながら玄関の引き戸を開けた。

変だ！ 目の前に現れたのは、いつもと寸分の変わりもないボロいだけの炭鉱住宅。

なんの飾りもなく、とてもパーティー会場とは思えない。おかしい……一通り部屋を見渡した。誰もいない。

親の寝室のふすまを開けてみる。

そこには毛玉だらけの寝巻きを着た女が横たわっていた。母だ。

「お母さん！　お母さん！　誕生会は？」

自ら誕生会を開くと言い出した母の口から、信じられない言葉が飛び出した。

「あら、今日やったかね？」

息子の誕生日を忘れ、寝ていたのである。

外にはすでに友達を待たせている。言うまでもなく準備は何もされていない。

「友達連れてきとるけど……」と告げると母は、「準備せんといかんね」と起き上がり、慌てて台所に向かった。

こんな緊急に、いったいどんなパーティー料理が用意できるのだろう？　一抹の不安を感じ、台所に様子を見に行った。火にかけた鍋を前に、母が手にしているものを見て愕然（がくぜん）とした。

——ボンカレー。

低価格の、いつでも手軽に食べられるレトルトカレーだ。

わざわざ友達まで誘ってボンカレー……。

ボンカレーは決して嫌いではない。なんならうまい。とはいえ今日は誕生パーティーなのだ。もう少し手の込んだ料理を期待するのが普通の感覚ではないだろうか？　こんなことなら誰も呼ばなければよかった。

後悔している俺を横に、母の追い討ちの一言。

「隣の家に行って皿ば借りてこんか」

皿すらない家——徹底的に貧乏ぶりを友達の前でアピールするはめになった。昨晩思い巡らせていた、七面鳥の料理、フライドポテト、唐揚げ、サンドイッチ……パーティー感のある華やかな料理は一切ない。あるのはボンカレーのみ。

友人たちも困惑しながらカレーを食べ始めた。こんな惨めな会に招待されずに家に帰ってさえいれば、少なくともボンカレーよりは手の込んだ晩ご飯を食べられただろうに。気の毒な思いに苛(さいな)まれながらカレーを食べ終えたところで、一人がプレゼントを持ってきたと言い出した。ああ、やっと誕生会らしくなってきた。友達に心から感謝した。うれしくて早速手渡されたプレゼントの紙袋を開けてみた。

——大学ノート一冊。

なかなか渋い贈り物である。小学三年生にとっては喜びがたいプレゼントだが、少ないこづかいをはたいて買ってくれたのだと思うと、無性にうれしかった。だがノートの表紙にふと目がいった途端、純粋な感謝を裏切られ、また愕然とさせられた。

——「賞」という赤い文字。

運動会で参加賞として生徒全員に配られたノートだった。しかもペラペラとめくるとページ数はたったの三枚、他のページは全部切り取られていた。露骨な使い古しのノート。悲しくなった俺に、別の友達がプレゼントを差し出してくれた。

——ビニール袋に入ったうまい棒一本。一本十円の駄菓子。プレゼントは金額ではなく気持ちだとわかってはいるが、合計金額十円のプレゼントはあんまりではないだろうか？

最初で最後の誕生会。最大のプレゼントは惨めな気分だった。

土曜学校

学校の教室で何人かの男子と遊んでいたときのことだ。一人の友達が大慌てでやって来るなり、「お菓子とかケーキばタダで食べられる場所があるげなぞ！」と興奮して大声で叫んだ。

お菓子がタダで食べられると聞きつけただけで興奮している友達……まるで「俺の家は貧乏ですよ～」と大声で言っているようで切なくもあったのだが、当然のごとく、俺もその情報を聞いてかなり興奮していた。

お菓子はともかく、ケーキがタダで食べられる……簡単には信じられない話ではあるが、どうやら本当のようだった。実際タダでケーキを食べてきた人が同じクラスの中にいるというのだ。興奮してやってきた貧乏な友達は、その本人から、いかにケーキがおいしかったか、どうしてタダで食べることができたのか、詳しく聞いてきたらしい。

本当にタダでケーキが食べられるのか？

いいや、そんなわけはない！

俺は自問自答していた。冷静に考えればそんな虫のいい話、あるわけがないのだ。どうせ金持ちの自慢話を聞かされただけだと思った。ケーキをタダで食べた人は確かにいるのだろうが、タダで食べるためにはなんらかの条件があるはずだ。限られた子どものみが受けられる恩恵だと判断し、俺の興奮は冷めつつあった。

「俺たちも食べられるとや？」

興奮し続けている友達に念のため訊ねた。

「食べられるげなよ！」

相変わらず熱を持った返答。

「そんなわけがなかろーが！」

金持ちに騙されるな！　と自分にも言い聞かせるように。

「じゃあ自分で聞いてくればよかろーが！」

その通りである。実際ケーキをタダで食べてきたという同級生は近くにいるのだ。直接聞いたほうが早い。

ここで今一つ俺を躊躇させていたのは、その相手が女の子だということ。

俺は女子と話すのが苦手で少し困ってしまったのだが、興奮している友達が自然に導いてくれた。

戸惑いながら近づき、「ケーキばタダで食べられるっとや?」と女子との慣れない会話のせいで変なテンションとなり、情報をもらう立場のくせに偉そうに聞いた。

「うん、食べられるよ」

女の子二人は優しく答えてくれた。

疑り深い俺は、それでもなお信じられず「どうせ俺たちは食べられんとやろ?」と念を押した。

我ながら猜疑心の強い子どもだ。思い返せば俺は子どもの頃からひねくれていた。自分にとってよい情報にもかかわらず全て疑ってかかってしまう。現在のヒロシの原型はこの頃から形成されていたのだ。

それでも心優しい彼女たちは「大丈夫よ、食べられるよ」と笑顔で答えてくれた。

テンションを変えられない俺は、「どこで食べられるとや?」と相変わらず偉そうに聞いた。

「土曜学校に行ったら食べられるよ」

――なんだ？　土曜学校？

詳しく話を聞けば、どうやらキリスト教の集会らしく、日曜日に教会で催される大人の集会とは別に、子ども版として土曜日の昼に集会が開かれ、それに参加するとケーキを食べられるらしいのだ。

俺はキリスト教徒ではない。無宗教である。

ほらみろ、やっぱりタダでケーキを食べるにはきっちり条件があるじゃないか！

期待していた分、がっかりした。

だけど彼女たちの答えで、また元気を取り戻した。

「誰でもよかとよ」

……マリア様に見えた。

キリスト教は信者でもない汚い俺たちにも、タダでケーキを食べさせてくれるのか？

神様はいないと思っていたこれまでの人生を一気に反省した。ケーキ一つのことで宗教観まで変わったのだ。なんと簡単な生き物なのだろう。日頃、うんことかチンコとかで喜んでいる単純さだから当然といえば当然かもしれない。

「行きたいなら、今週の土曜日一緒に行こうか?」

ありがたいことに女の子が誘ってくれた。

俺たちは待ち合わせをして、教会に連れて行ってもらうことにした。

うれしかった。ケーキが食べられるばかりでなく、女の子と学校以外で会えると思うと夢のようだった。


当日はとても緊張していた。教会に行くことが、ではなく女の子に会うことがだ。学校以外で会うなんて初めての経験である。一度、同級生のモテ男グループが、女子のモテグループと学校以外で遊んでいるのを見かけたことがあった。そのときの俺は思わず見つからないように隠れてしまった。遊んでいる様子を見ただけでなんだか恥ずかしさを感じたのだ。

それほど女子と接することに免疫がなかった俺たち三人は、女の子たちと会話することなくついて行くだけで精一杯だった。

一緒に歩いてしばらくすると「この辺に教会とかあったかね?」と一人の友達がつぶやいた。言われてみれば教会なんか見たことがない。綺麗なバラにはトゲがある、という言葉を耳にしたことがある……女の子たちは俺たちを騙して、どこかとんでもないところに連れて行くつもりではないか？　たちまちそんな不安にかられた。

疑心暗鬼のままについていくと、現れたのは教会ではなく、古い一軒屋だった。俺の家とそう変わらないボロさ……本当にこんなところに神様がいるのか？　神様も社宅に住んでいるのか？　と間抜けなことを考えた。

玄関を開けると二十代くらいの若い女性が出てきた。確かに慈悲に満ちた笑顔で、汚い俺たちを迎え入れてくれる。

部屋は狭いながら、綺麗に整頓されていた。住む人が違うとボロい家でもこんなにお洒落になるのかと子どもらしからぬ感想を持った。片隅にはエレクトーンが置いてある。学校にも一台しか置いてないエレクトーンが一般家庭にあることも驚きだった。

すると早速、ジュースが出てきた。なんとお姉さんの手作りだという。しかも野菜をメインに使ったジュース……健康に気を配って野菜メインのジュースを出してくれたのだろうが、子どもにとってそれはありがた迷惑である。たとえ体に悪くてもコーラとかオレンジジュースが飲みたい年頃なのだ。

お姉さんの気遣いも労力も考えず、勝手な不満を抱えながらジュースを口にした。

「う、うまい！」

野菜のジュースだから青汁的な味を想像していたのだが、まるでフルーツジュースみたいな味だった。ジュースのうまさに感動していると、おもむろにお姉さんはエレクトーンに座り、軽く弾きながら、賛美歌を歌い出した。

俺には衝撃の出来事だった。この田舎町荒尾(あらお)に、賛美歌を自然に歌える人がいるなんて！

だが驚きは続いた。それをみんなで歌うというのだ！　ご丁寧に歌詞が書かれた紙を渡されたが、歌詞がどうのこうのという問題ではない！　恥ずかしいのだ。

学校では特に目立つこともなく、大人しい印象しかなかった女の子たちはためらう様子もなく、自然に歌う体勢に入っている。

俺は変な汗をかきながら、とりあえずなんとか歌いきった。ホッと息をつく俺たちに、お姉さんはさらに難問をふっかけてきた。また同じく歌を歌うというのだが、その歌詞がさっきのよりも格段に恥ずかしいのだ。

神様は、誰を愛しておられますか？
神様は、誰を愛しておられますか？
○○君、○○君、○○君です。

という具合に、日常生活ではまったく使うことのない言葉のオンパレード。知らない歌だから歌えないという言い訳もきかない、覚えやすい歌詞とメロディー……三十六歳になった今でも一つの間違いもなく思い出せるのだから、相当覚えやすい歌だとおわかりいただけるだろう。案の定、一回聴いただけでマスターしてしまった。この歌の恥ずかしい点は他にもある。

『○○君、○○君、○○君です』のところでは、他の全員が、順番で選ばれた一人の子どもを指差しながら、その人の名前を歌うというのだ。嫌だ！　女の子の前で歌うだけでも恥ずかしいのに……！　だが容赦なくその歌は始まった。

か～みさまは～、だ～れを～　あい～して～　おられますか～？
か～みさまは～、だ～れを～　あい～して～　おられますか～？

じゅんじ君　じゅんじ君　じゅんじ君です～♪

じゅんじ君の顔は真っ赤になっていた。こんなくすぐったい気分は初めてだったのだろう。長いつき合いの中でも、初めて見せる表情だった。そしてその表情は気持ち悪かった。

そんな男たちの苦い思いも無視して、どんどんと順番は回っていく。

か～みさまは～、だ～れを～　あい～して～　おられますか～？
か～みさまは～、だ～れを～　あい～して～　おられますか～？

たくみ君　たくみ君　たくみ君です～♪

たくみ君もまた、気持ち悪い顔になっていた。この歌はテンポが速く、俺が差される番があっという間にやってきた。名前を言われたときに気持ち悪い顔にならないようにしなければ！

俺は身構えた。

か〜みさまは〜、だ〜れを〜　あい〜して〜　おられますか〜？

か〜みさまは〜、だ〜れを〜　あい〜して〜　おられますか〜？

…………。

これまでにはなかった不自然な間が空いた。なぜなら齊藤健一という地味な苗字と名前のせいで、みんなどっちで歌えばいいのか迷ったのだ。

齊藤健一……全国の齊藤健一さんには申し訳ないが、数ある名前の中でもベタすぎる名前。どれくらいベタな名前かは電話帳を見てもらえればわかる。一つの地区で齊藤健一さんは何ページにもわたって確認できる。

結局、歌は変な間が空いた後、「さいと〜君、さいと〜君、さいと〜君です〜」と無難な苗字のほうが選ばれ進められた。

修行のような賛美歌タイムをなんとか乗り越えた頃、お待ちかねのケーキが出てきた。これもジュースと同様、お姉さんの手作りだった。これまでの拷問を忘れさせてくれるくらいおいしかった。

この日をきっかけに、タダでケーキが食べられる夢の場所に、毎週土曜日には通うようになった。あの屈辱の賛美歌タイムも毎週歌っているとさすがに慣れてきた。

調子に乗った俺は、そのうち友達に自慢し始めた。最初の俺と同じようにすんなりと信じる者はおらず、あまり相手にはされなかった。

その週の土曜も当然のようにお姉さんの家を訪ねた。ところが今日はダメだと断られてしまった。あの優しかったお姉さん、誰でも快く受け入れてくれていたマリア様から断られたのだ。ショックは大きかった。玄関越しに中を覗いたら、俺の自慢話を聞かされたクラスメートの姿があった。

それからも土曜学校の話は口コミでどんどん広まり、参加する人数が徐々に増えていった。

六畳一間の部屋に入る人数には限度がある。

たった一度の自慢によって、ケーキを食べられなくなり、せっかく慣れた賛美歌も二度と歌うことはなくなってしまった。

いぬ店

都会から離れ田舎に行くと、不思議な店を見かけることがある。

いったい誰が買うのだろうか、ファッションなどどうでもよくなった人ですら着るのに抵抗がありそうな服ばかり並べている洋服屋。ほこりをかぶったお菓子の箱、洗剤などが並べられている生活雑貨店。店内で犬や猫を飼っていて、やる気のやの字もうかがえない飲食店……。

これらの店では、商品を冷やかしで眺めるお客さんもいないだろうし、もちろん買うお客さんもいないだろう。その様子を見たことはないし、店内にお客がいる状況を想像することすら困難である。

ではいったい、そういった店はどうやって生計を立てているのだろうか？

お客が来なければ当然収入はないはずだ。店に収入がなくても別にかまわないくらいの経済的蓄えがあるのだろうか？　いやいや、そんなふうにはとても見えない。それでも潰さずに一応営業している雰囲気だけはかろうじて感じ取れる。

果たして何を目的に店を構えているのか？　余計なお世話なのだが気になってしかたがない。これまでさまざまなやる気のない店を見てきた。その中でも最強にやる気もない、収入もない、目的もないのに営業していた店が、俺の実家付近に存在していた。

その店の名は「いぬ店」。

小学生の俺たちが、勝手にそう呼んでいただけで正式名称はわからない。

いぬ店のやる気のなさは半端ではない。外観から眺めても到底店舗とは思えないのだ。なぜなら看板もなく、店先に商品が並べられているわけでもない。鉄の錆びた茶色いシャッターが常に閉まっている古びた建物。その佇まいは、まるで使われなくなった倉庫である。

シャッターが開けられているのを一度も見たことがない多くの人々は、その奥に店が存在していることすら知らない。いぬ店の存在を知っていたのは、俺を含め五人ほどの仲のよい友達だけであった。

このエピソードだけでも、いぬ店のやる気のなさは充分うかがえると思うが、いぬ店のすごさはそれだけではない。

営業時間の概念がないため、常に閉められている店のシャッターを、客である俺たちが勝手に開けて店内に入らなければならない。あまりにもボロすぎて、小学生の力ではまったく開かないときもある。そんなときはガチャガチャやっている音を聞きつけて、中から「いぬ」が開けてくれる。

このいぬとは犬ではなくこの店の経営者のいぬである。

店の主人であるおばさんのことを勝手に「いぬおばさん」と呼んでいた。誰が命名したのかは不明なのだけれど、おばさんの頬の肉がブルドッグみたいに垂れていたからだと推測できる。

一度〝誰が名づけたのか?〟という議論が行われたこともあった。手柄が欲しくて「俺が名づけた!」と主張する者もいたが、それは明らかに勘違いである。こういうタイプの子どもは大人になると「あいつは俺が育てた」だとか「有名になる前はいつも俺に相談に来ていたよ」などと、有名人と知り合いだと大げさにアピールするタイプの人間へと成長する。こういった人種の発言は信用できない。

討論した挙句、誰が命名したのかは結局定かにはならなかった。誰からともなくいぬおばさんと呼んでいたのだ。もちろんいぬ店の名前の由来はここにある。

いぬおばさんはいつも汚かった。アフロみたいなヘアスタイル、おじさんが着ているような華のない機能性重視の黒いジャンパー、買ったのか拾ってきたのかわからない地味なスカート……知らない人が外で遭遇したらホームレスだと思ってしまうような装いだった。

見た目に反していぬおばさんは優しい人だった。買い物をするでもない俺たちが店に行くと、必ずインスタントのコーヒーを入れてくれるのだ。もちろんタダで。店同様、得体の知れないコーヒーを口にするには最初は勇気が必要だった。

芋虫などを〝食べ物〟としている国に行って、それを「おいしいから」と屈託のない、ピュアすぎる笑顔で勧められてしまったときの気持ちに似ているのかもしれない。好意はビンビンに感じるが、それを口にするにはかなりの抵抗がある。

それでも通い慣れてくるにつれ、普通に飲めるようになっていった。

いぬおばさんは無口である。無口というよりは喋らない。バラエティー番組に出たときの俺以上に喋らないのだ。だからいぬおばさんとの会話は何一つ記憶にない。いぬおばさんはいつも黙ってコーヒーを出してくれる。

「いぬは黙ってコーヒー」……まるでＣＭのワンフレーズだ。いぬおばさんは渋いおばさんなのだ。

店内はわりと広い。十畳ほどの広さがある。不必要に広いスペース一面には、何に利用するのかわからない、たくさんの肥料が入った袋が置いてある。その袋の下に駄菓子らしきものがたまに見え隠れしていることから、一応いぬ店は駄菓子屋なのだろうと思っていた。

商品の駄菓子の上に肥料……やる気のなさもここまでくると逆に潔く(いさぎよ)て、カッコよく感じてしまう。

一面に置かれた肥料の間をぬって、入口から奥にあるいぬおばさんの定位置までは、一人通れるくらいの一本道が作られている。俺たちはその道をいぬ道と呼んでいた。

いぬ道を通る途中には本物の犬がいる。犬だけではなくニワトリもたまにいる。犬とニワトリといぬおばさん……もはやケモノ道だ。

肥料袋でできたいぬ道を通り、やっとの思いで奥まで辿り着くと、いぬおばさんの定位置である畳のスペースが広がっている。その付近だけはどうにか駄菓子屋っぽくなっていて、お馴染みのおもちゃのクジなどが、ところ狭しと天井から吊るされている。

さすがキング・オブ・やる気のない店、それらも当たり前のおもちゃではない。よく見るとどれもこれも古い！　並みの古さではない。時代が一回り違う。その頃のアイドルといえば近藤真彦、田原俊彦、松田聖子、中森明菜が全盛の時代だったが、いぬ店に置いてあるブロマイドなどの商品には城みちる。さらにさかのぼり、力道山もいたような気がする。他の人は古すぎて俺たちにはわからない人ばかり。メンコも置いてあったが戦車、ゼロ戦など時代を感じさせる絵柄なのだ。今ならマニアが高値で買い取るものなのかもしれない。

興味をひかれるアイテムがないいぬ店では、当然一度も買い物をしたことはない。黙ってただコーヒーを飲むだけ。

いぬおばさんはいつも一人だった。結婚している様子もない。たまにいぬおばさんの友達らしきおばさんが来ていることはあった。そのおばさんは風貌こそいぬおばさんに似て地味なのだが、ベラベラとよく喋るおばさんだった。いぬおばさんに対して話しかけても、いぬおばさんは返事もしない。それでも一方的に話し続けるおばさん……異常な光景で、俺たちはやっぱり黙ってコーヒーを口にするだけであった。

どうしていぬおばさんはやる気もないのに、店を構えていたのだろうか？　そして客でもない俺たちになぜコーヒーを出し続けてくれたのだろうか？

それ以上にわからないことがある。

なんで俺たちはいぬ店に足繁く通っていたのだろうか？

常に閉まっている錆びついたシャッターをこじ開けてまで、店内に入ったのはなぜなのだろう。記憶がない。あの空間はいったいなんだったのだろう。

中学生になってからというもの、いぬ店に行くことはなくなってしまった。でもときどき、ふとした瞬間に、あの光景を思い出し懐かしくなることがあった。今度いぬおばさんに会ったらいろいろ話をしてみようと、密かに思っていた。

最近実家に帰る機会があり、いぬ店に行ってみることにした。いぬ店があったその場所には大きくて綺麗なマンションが建っていた。

不良に憧れて

中学生ともなると思春期を迎え、たいていの男子は色気づき始める。それは異性を意識し始める時期と重なる。簡単にいえば、女子にモテたくてカッコつけ始めるのだ。

それまでは服装も髪型も、身なりに関してはみんな親任せだったのが、それぞれに自分の意思が芽生え始める。

髪にはポマードやムースといった整髪料をつけ、少しでもカッコよく見られることを優先した服を着たがるようになる。それもこれも異性を意識し始めた証拠なのだ。

俺が思春期を迎えた時期は、不良がモテる時代だった。不良っぽさを持った男がモテるのは今でも共通だが、その頃はパーマをかけリーゼントにしソリコミを入れ、制服もやたらと太いズボンに、丈を極端に短くした短ラン、極端に長くした長ランと呼ばれる学ランをコーディネートして着ているような露骨な不良がモテていた。

おそらく当時流行っていた『ビー・バップ・ハイスクール』や『湘南爆走族』といった不良漫画に影響されていたのだろう。

とにかく不良がモテた。不良ならばなんでも許される世界だったといっても過言ではない。多少太っていようが、ブサイクであろうが、不良の格好をしているだけでモテ効果は絶大であった。

常識で考えればモテるはずのない、太っているだけの男でも、リーゼントにしてソリコミを入れるだけで、可愛い彼女を連れて歩くことができる。街に出るとそういう違和感のあるカップルを目にする機会が非常に多かった。

不良でもなんでもなかった俺は、その理不尽な状況に我慢ができず、世の流れに乗って中二のときパーマをかける決心をした。パーマをかけさえすればモテると本気で信じていたのだ。

中学生がパーマをかけるのはそれなりのリスクがある。まずお金がかかる。月のこづかいが千円くらいだったから、大体七、八千円かかるパーマの費用を捻出するのは相当きつい。

もう一つは学校で叱られること。

パーマは校則違反だから無理もない話なのだが、パーマをかけたからといって俺は不良になったわけではない。モテたいが怒られたくはないのだ。自分の都合ばかり述べているけれど、これが正直な気持ちである。

思案を重ねて、怒られてもお金がかかってもモテるならよし、という結論にいたった。実際挑戦したのはパーマの中でもアイパーといわれるものだった。カーラーでクルクル巻くのではなく、アイロンで形をつけるタイプのパーマだ。これならそんなに目立たないわりに、充分不良を演出できる。

美容室と呼ばれるところに行くのもこれが初めてだった。美容室や洋服屋などの小ぎれいでお洒落な場所に行くには勇気がいる。しかしアイパーさえかければモテるとかたくなに信じていたため、その感情も抑えられた。俺は頑張って貯めたお金を握り締め、町で一番お洒落な店構えの美容室へ向かった。

店内は通い慣れた床屋と違って洗練された雰囲気がある。極端に白い店内が目に痛い。床屋で待っているときに読んでいた『こち亀』や『北斗の拳』などの気軽な漫画はもちろんなく、『今年流行の髪形カタログ』といった油断できない類の本しか置いてない。こういう雑誌は「あいつ、あの髪形にしたいのかね〜、似合わないのに」と、周囲からバカにされるような気がして落ち着いて見ていることができない。かといってただ待っているというのも不自然だし、たまには手を伸ばす。結果として、落ち着きのない挙動不審な中学生に見られていたことだろう。

待っているだけでこれだけの疲労感……モテるためには苦労が必要なのである。

「齊藤さん、こちらにどうぞ」

いよいよ俺の順番がきた。緊張して椅子に向かう。

「あいつ、あんな普通なのに美容室に来てるよ。床屋でいいんじゃない？」

そんなふうに思われているようで椅子までの距離がとても長く感じてしまう。

「耐えろ！　モテるためだ！」

心の中で呪文のように唱えた。近づくだけでも大変なのだから、椅子に座ったら気を遣うことが満載である。

上手く説明できないが、こういう洒落た店でのフレンドリーさは気分が悪い。床屋のフレンドリーさには何も感じないが、こういう場所のそれは特殊な感じがする。

「どんなふうにするね？」

タメ口でそう聞かれドギマギした。本当は「ビー・バップ・ハイスクールのトオルみたいに、モテるアイパーをかけてください」と言いたかった。気の小さい俺は、そんな大胆なことはとても言えない。いろんなワードを削りに削って「アイパーをかけてください」とだけ伝えた。

「君は中学生じゃないと？」

年齢がバレてアイパーをかけてもらえないんじゃないかと不安もあったのだが、店員は何も咎めることなく作業を始めた。

次々と丁寧にコテで巻かれていく俺の髪。さあ、モテ人生の第一歩だ！　モテた結果、当然できるであろう彼女と一緒に、登下校する姿を想像して浮かれていた。

「お疲れさまでした」と声をかけられ仕上がりを見た。間違いなくアイパーであるが随分イメージが違う。これはかっちり形がつけられた七三分けではないか！

——憧れない……とてもカッコよくない……どちらかといえば余計モテなくなる感じだ。

最後に「仕上がりはどう?」と自信に満ちた表情で聞かれ、店の雰囲気や店員に押された俺は「はい、いいです」と答えるしかなかった。

変な頭で帰宅した俺は、整髪料をつけてみたりしてなんとかカッコよくならないものかと試行錯誤してみた。不可能だった。どう足掻(あが)いても無理だった。パーマのおかげでしっかりと形がつけられている。この髪形では到底不良には見えない。どう見ても生徒手帳に描かれている、古くさい模範的な中学生だ。

翌日、沈んだ気持ちを引きずったまま登校するはめになったが、俺がパーマをかけたことなんかには誰も気づかなかった。

気を遣い、金を遣って変化なし……。

ラジカセ

貯めておいたお金でラジカセを買った。

中学生にとってのラジカセはとても高価なものだった。滅多に高価なものを買う習慣がなく貧乏性だった俺の性格からすれば、多くの種類のラジカセの中からどれを買うか悩みそうなものだが、このときだけは、あっさり一つの機種を買うことを決めていた。

俺が選んだのは、近藤真彦さんがＣＭに出ていたダブルデッキの赤いラジカセだった。このラジカセには三つのお気に入りポイントがあった。

まず見た目が長細くてスタイリッシュな雰囲気があり、持っているだけでモテそうだと感じたこと。

続いては、当時では画期的なダビング機能がついていたこと。音楽テープを入れる部分が二つついているダブルデッキ仕様で、一つに録音したい曲が入っているテープをセットし、もう一方に空のテープを入れてダビングのボタンを押すと、空のテープに音楽が録音されるという便利な機能だった。

近所にダビング屋なるものがあった時代。ダビング屋とは、好きなテープやレコードと空のテープを持って行き五百円ほど払うと、ダビングしてくれるという店だ。今では考えられないが、そんな商売が成り立っていたくらいダビングという機能がめずらしかったのだ。

そのダビングが家庭でできるなんて……その便利さにひどく感動した。

最後の一つは近藤真彦さんがCMに出ていたことがポイントなのだ。近藤真彦さんは「マッチ」と呼ばれ、国民的なスターだった。

しかも、このCMが流れていた頃、マッチと俺が大好きだった中森明菜は恋仲だと噂されていた。噂が本当かどうかもわからないのに、俺が愛している中森明菜の心を摑んだマッチに対し、特別な憧れを抱いていた。そんなマッチが勧めるラジカセなのだから、いいものに決まっている。ひとえに思い込みの激しい理由だが、マッチが使っているラジカセを持つことによって中森明菜に近づいた気分になれたのだ。

そんな、マッチと中森明菜には迷惑極まりない思いから、この赤いラジカセを非常に気に入って、数ある高価なものの中から悩むことなく選ぶことができた。

ラジカセを手に入れるまでは、小五のときに九百八十円で買った、モテなさそうなルックスのAM専用ラジオで音楽を聴いていた。三年にわたり、多くのラジオ番組を聴いてきたから九百八十円の元は充分すぎるほど取っている。通っていた少林寺拳法の道場などいろんな場所にも持参していたし、それなりの愛着はあったが、マッチのラジカセが来てからはまったく使わなくなり、どうしたのかも忘れてしまった。

ラジカセはそれだけ気に入っていたのだ。おそらく長年連れ添った女房と別れて、若い女性にフラフラ行ってしまうときっていうのはこんな感じなのだろう。目新しい若い女性には弱いのだ。古くなったものにもよさはあるが、そのときの俺はフラフラと若いほうに吸い寄せられてしまった。今ではそのラジオもとっておけばよかったと少し後悔している。

ラジカセに愛情を注いでいた俺は、ラジオを聴いたり、テープを聴いたりして、手で触れた後は必ず布巾で拭くほど異常に大事にしていた。

「このスタイルがたまらんとよね〜」と拭いていているだけでも幸せを感じられた。ちょっとした変態である。

それだけにとどまらず、ラジカセに対する変態さ加減はどんどんエスカレートしていった。

ダビング以外に自分の歌声なども録音できることに気づいた俺は、欲望を煽るエロいことを自分の声で録音し、それを聴いて気持ちよくなるというプレイをやり始めた。このエピソードはネタにもなっている。

「ヒロシです。ヒロシくん、可愛いわね〜お姉さんヒロシくんのことが大好きなの〜、ねぇ〜えん、ヒロシく〜ん……自分で録音して聴いています」

ネタでは年上のお姉さんに気に入られて、誘惑されている程度に抑えているが、実際録音した内容は相当にダイレクトにエロい内容だった。

「健一く〜ん、もうお姉さん我慢ができないの〜、ねぇ ここ触ってみて〜……あんっ…とっても上手よ〜」

などとより具体的で生々しい内容を、できるだけ女性らしく発声して録音した。

本として出版されるのを考慮すればこれくらいの表現が限界だが、本当の本当は「どこどこに入れて〜」だとか「どこどこ舐めて〜」とか女性が聴いたら確実に引くレベルの、書くのもためらわれるほど、どうしようもない内容を録音していた。

いくら女性の声を真似ているとはいえ、それほど興奮できるものでもないだろうと思われるかもしれないが、まだ中学生だったせいか、録音した自分の声を聴くと、それなりに女性の声に聴こえて満足できた。

ときには妄想に歯止めが利かなくなり、ラジカセを抱き締めたこともある。このときにはプチ変態ではなく立派な変態になっていた。

抱き締めるまでラジカセを愛した人はいないだろう。そんな遊びを何度も続けているうちに、気づいたらエロ声テープは六十分テープ二本分になっていた。計二時間のエロ声……ミュージシャンであるならばアルバム二枚分のレコーディングをすませていたのだ。画期的な慰めの行為だったが、成長と共にどう聴いても男の声にしか聴こえなくなり、いつしか録音することはなくなっていった。

途中でふと気づいたが、この二本のテープは今どこにあるのだろう……俺のアルバムが未発表であることを願う。

罰ゲーム

罰という言葉だけだと、辛く厳しい印象しかない。しかし、ゲームという単語をつけるだけで不思議なことに、バラエティー番組、ちょっとしたパーティー、明るい人たちが集まって開くコンパ等でよく使われる楽しげな言葉に生まれ変わる。だから一般的に罰ゲームと聞くと、きっと誰もが楽しい印象を受けるのだろうけど、罰だけであろうが、下にゲームがつこうが、俺にとってまったく楽しい印象はない。

女性にモテるどころか、友達からもらった二、三冊のエロ本だけが唯一の心の拠り所だった中学生の頃、同級生に告白されたことがある。

その子は決して、クラスのマドンナ的な存在ではなく、どちらかというとルックスも含め、男子がまず注目しないような女の子だった。だけど俺はうれしかった。

「前からずっと好きでした」

そんな言葉はドラマとか漫画の世界でしか使われない言葉だと思っていた。女性に対する免疫がゼロだった俺は、一瞬頭が真っ白になり、体温が上昇して顔が赤くなっていくのが、鏡を見なくてもわかるくらいだった。

その子は目を合わせず、恥じらいながら思いを告げた後、俺の返事も聞かず走り去った。残された俺は冴えない男であるのも忘れ、またたく間にトレンディードラマの主役になった。告白の瞬間を誰かに見られて冷やかされるんじゃないかと咄嗟に辺りを見回してから、これからあの子とどう接すればいいのか、やっぱり日曜日はデートしたりするのか、気持ちが先走って、自分の苗字と彼女の名前を繋げてみたりとわずかな間で数えきれない想像を巡らせた。

こんな具合に廊下から教室に戻るまでに、あれこれ考えているうち、俺もすっかり彼女を好きになっていた。簡単な男である。その間二分くらい。カップラーメンすらできあがらない時間で女性を好きになるとは自分でも驚きの速さである。電車で向かい側に座っている知らない女性を好きになるのに、今では二駅分の時間がかかる。俺もずいぶん成長したものだ。

教室の扉を目の前にして、必死に冷静さを装い、にやけないように、それでいて冷たくなりすぎないような表情を作るように努めた。今までの人生で、やったことのない顔にチャレンジしていたので、不自然だったに違いない。

一歩教室に入ると、俺が主役のトレンディードラマのヒロインは教室の後ろのほうで、他のエキストラの女子たちと盛り上がっていた。自然に努めることがやっとの俺は、目も合わさず自分の席に座った。

席についても火照りが冷めない俺とは対照的に普段と変わらぬ彼女の様子。女の子のほうが大人なんだな～と感心していると、彼女の声が聞こえてきた。

「私もちゃんと言ったとやけん、ちゃんとしてよ！」

なるほど！　告白大会を開いていたのか。すると、この教室にドラマの主役は俺だけじゃないいんだな。

「ゴメン！　絶対無理！」と、エキストラの声。

なるほどなるほど。いざ自分の番になって、かなり勇気がいることだと気づいたんだな〜。微笑ましく思っていたときだった！

「罰ゲームなんやけん、ちゃんとやってよ！　約束が違うやん！」

さっきまでトレンディードラマのヒロインだった女の子が、女優らしくしっかりとした口調で怒鳴った。教室中に響き渡る声の下、俺は主役どころかエキストラ以下の男に早替わりした。

彼女の罰ゲームだったはずなのに、彼女以上にきつい罰を受けさせられた俺だった。

雪山の夜

俺が通っていた高校は、特に賢い人が通うわけでもなく、だからといって特別勉強のできない人が通うわけでもなく、ずば抜けて運動ができる人が通うというわけでもない。乱暴なイメージで言わせてもらえば、要するにごく平凡な人たちが通う高校であった。関連性はないだろうが、修学旅行も長野へスキー旅行という、修学旅行としてはベタ中のベタな行き先であった。

周辺の気の利いた高校では同じスキー旅行でも、スキー＋東京観光などとオプションがついているところもあったらしいが、俺の学校ではスキーのみ……なんのオプションもついていない。ただスキーをやるだけの修学旅行だった。

スポーツをやるのが大嫌いな俺は、京都などの観光地を巡ったり、テレビ等のメディアでしか見たことのない東京に行きたかった。特に東京は田舎者の俺にとっては、海外に行く以上に胸をときめかせる場所だった。東京に行けば偶然タレントに会う可能性だってあるだろうし、アルタ前で写真を撮ることだってできる。それなのに、なぜわざわざ東京よりも遠い長野に行くのだろうと思っていた。

寒い雪山に、ひょっこりと浅香唯が現れることはまずないだろうし、当然アルタもない。あるのは雪山だけ……スキーにまったく興味のない俺には苦痛しか感じられない。だから五日間のスキー漬け生活は、できれば行きたくないというのが正直な気持ちだった。

でも修学旅行不参加というアナーキーな行動を実践する気概もない俺は、流れに任せ参加する以外はなかった。

長野までは寝台列車で向かった。列車は男子の生徒の車両、女子の生徒の車両に分けられ、その間の車両には先生たちが陣取っていた。これは不純異性交遊を防ぐための策で、モテる、もしくはモテる可能性がある男子生徒たちは「なんで別々にするとや～」などと、車両を別々にされたことに対して批判的であったが、俺にはこのうえなくありがたかった。

モテない男にとって、男女が自由に行き来できる状況は迷惑なのだ。モテる男を横目に、本当はうらやましいのだけどうらやましくない態度で何事もなく振る舞うのは、相当面倒で気を遣うものだ。だからこのシステムを作りあげた先生方には心から感謝していた。

スキー場に着いてやることといえばスキー……当たり前だがそれしかない。全生徒が同じ緑色のスキーウェアーを着て、ゼッケンをつけさせられ滑る……刑務所の作業現場のドキュメンタリーを想像した。

それくらいの苦痛を感じる時間をどうにか耐え抜き迎えた夜、ホテルでは五人の生徒の相部屋だった。部屋の中で好きなバンドやアイドルの話をしたり、経験のないエロ話をしたりして、地味だけどそこそこ楽しく、穏やかな時間を過ごしていた。唯一ほっとできる時間だ。

そんな穏やかな空気を乱すように、ドアをノックする音が聞こえた。話し声がうるさかったのを先生が注意しにやってきたと思い、みんなの中に緊張が走った。友達の一人がドアを開ける——そこに先生の姿はなく、二人の女子生徒が立っていた。

比較的モテない人たちで構成されていた部屋わりだったため、当然ドアを開けた友達もモテない人間である。女子との会話には明らかに慣れてなく、しかも想定外の女の子……用件を聞くだけの短い言葉「何や？」と言うだけでもかなりぎこちなかった。

モテない男の部屋になんの用だろう？　一同固唾を呑んで女子生徒の返事を待つ。

「山田くんおる？」

それが返事だった。指名された山田くんは女の子たちに連れられて出て行った。最初何が起きているのかピンとこなかったが、修学旅行の後には、カップルが増えているという話をモテない先輩から聞かされたのをすぐに思い出した。修学旅行の夜は多くの告白が行われる。山田くんは告白のために呼び出されたのだ。

内心は悔しかったけれど、残りの友達と「山田はモテるね～」と冷やかしめいた余裕あるコメントを吐いていた。口から出る言葉とは裏腹に、明らかにみんながそわそわし始めた。おそらく自分が呼ばれた場合どうしようと妄想し始めたのだろう。そんな夢物語があるわけがない。山田くんはモテないながらも明るい性格で、女子とも躊躇なく会話できる能力を持っている。しかし、残ったメンバーには残念ながらその能力を持った者はいない。残った者たちが指名される可能性は限りなくゼロに近いのだ。

俺は、モテない人たちと過ごす時間は変な気遣いも必要なく、わりと好きで、モテる人の悪口を言ったりしながら、このまま男同士で一晩楽しく過ごせればと小さな幸せで満足する腹づもりだった。そんなささやかな幸せすらも、女子生徒は奪いにかかってきたのだ。

コンコン……再びドアがノックされた。また別の女の子が立っている。

「吉富君と佐々木君おる?」

なんと一気に二人の友達が呼ばれた。モテとは縁遠かった二人は慣れない事態にかなり照れくさそうに、しかしうれしそうに出て行った。

今でもその二人が部屋を出る寸前に見せた表情は忘れない。一瞬振り返り笑ったのだ。それは勝ち誇った笑顔だった。残されたのは俺を含め二人……もはや二人は最初に山田くんが呼ばれたときのような冷静さは持ち合わせていない。今呼び出された二人はモテるどころか女子との会話もままならない人たちなのだ。あの二人が女の子と会話している絵など想像できない。「ボンジュール」しか知らないのに単身フランスに行くようなものだ。そんな二人すら呼ばれていった。悔しくてしかたがない。

あいつらがモテるのなら、俺がモテてもいいだろう……正直な気持ちであった。

残されたのは二人……悔しさはだんだん恐怖に変わっていった。

こいつもいなくなったらどうしよう……当然考えてしまう。一緒に残った林くんも普段ならば確実にモテない……が、油断はできない。現にモテない男たちが次々とモテているではないか！

ひょっとしたら俺も呼ばれるかも……そういった考えは一切消えてなくなり、代わりにこいつだけは呼ばれないようにしなければ……より現実的な思いのほうが強くなっていた。

なんとか俺一人、残されるのだけは避けなければならない。

「どがんでもよかよね～」

「ほんなこつ！　女と遊んでも面白なかもんね～」

強がりはときとして惨めになる。

「別にブスに呼ばれてもうれしくなかよね？」

「そがんたい！　呼ばれんほうがマシよね？」

必死にモテない現実を否定しようとする姿は、哀れ以外の何物でもなかった。

そんな会話を続けているうちに、口には出さないけれど、二人の気持ちが一つになっていくのがわかった。人間は辛い状況を共に味わうことで、通常では見られない結束力ができあがる。次第に林くんが大親友に思えてきた。十分前の林くんより、今の林くんがずっと好きになっている。今後、「親友は誰?」という質問をされたら、迷うことなく「林くんです!」と大きな声で答えることだろう。その思いはきっと林くんも同じはずだ。

それとこれとは別に念には念を入れ、親友の林くんがモテることを避けるために何ができるのかと考えた。なぜ女子に呼び出されるのか……それは部屋にいるからだ。だったら、部屋から出てホテル内をうろうろしてさえいれば、女子が訪ねて来ても告白できない。名案だ!

即座に実行に移すべく「ロビーにお土産見に行かんね?」と林くんを誘った。林くんも同じ案が浮かんでいたのかもしれない。「行こうか!」と即答した。

お土産屋に行くのはお互いのモテ防止もあるが、ホテルの外は雪山で他に行くところもなく、単純に土産物を見て楽しむという前向きな意味も持っている。二人は安楽の地、土産物屋へと歩き出した。ロビーを見渡した俺たちは、一瞬にして異変に気づいた。そこは決して安住の地などではなかったのだ。

愕然とした。

数々のカップルたちがいちゃいちゃしていたのだった。モテるヤツがいちゃついているだけならなんとか我慢ができる。だがまったく冴えない男たちもできたばかりの彼女といちゃついていたのだ。

目の前には地獄が広がっていた。「モテないヤツは土産を見るな！」と赤鬼と青鬼が金棒で俺たちを追い払う絵が浮かんだ。

いったいこの即席カップルたちは、どれだけのものを俺達から奪えば気がすむのだろうか？

外は雪山、スキー場でどこへも行けない。部屋でじっとしていろとでもいうのか？

この無情に肩を落とし二人で部屋に戻ろうとしていたそのとき、信じられないことが起こった。

なんと親友の林くんまでもが女の子に声をかけられたのだ！　作戦が仇（あだ）となった。

「親友の林くんが俺を裏切った！」

別に林くんは裏切ったわけでもなんでもないのだが、言葉にこそ出さないだけでお互い裏切らないという暗黙の了解があったと勝手に思い込んでいただけにショックだった。

「すまない！」という表情を見せながらも、林くんは女の子と共に俺のもとから離れていった。

涙が出そうだったが、懸命に「平気だよ」という表情を作ってみせた。

行き場所を失った俺は、誰もいない部屋に戻るしかなかった。一人残された部屋で悲しみに暮れる俺の目からは我慢していた涙が出ていた。

この辛すぎる経験から、「親友は誰？」の質問に対しては「いません」と即答するようにしている。

張り続けたアンテナ

幼い頃から憧れていたお笑いの世界に初めて触れたのは、十九歳。憧れる理由はいろいろあったのだが、一言で言ってしまえばモテると信じていたからだ。

それまでにもチャンスがあれば、いつでもお笑いを始めたい気持ちはあったが、実際どうすれば芸人になれるのか何も知識がなかった。

図書館に行くと、『販売員になる』とか『弁護士になる』などの、希望する職業につくためのプロセス本が、職業別にずらりと並んでいたが、どこの図書館にも『芸人になる』という本は置いてなかった。

中学の三者面談のとき、先生から将来何になりたいかと質問され、ためらいながらも「漫才師になりたい」と答えたことがあったが、俺の思いは冗談として消化された。

無理もない話である。先生だって親だって、もちろん自分のまわりに存在する人たちの中で、芸人になるための方法を知っている者は一人もいない。一般的な話ではないのだ。逆に「そうなんだ〜、いいね〜、じゃあここを紹介してあげるよ！」と、危うい世界を勧める先生だと柔軟すぎて問題だと思う。自分自身でも、大人になれば気持ちも変わるだろうと楽観していたのだが、憧れの気持ちは大きくなるばかりで消えることはなく、「面倒くさいものに憧れてしまったな〜」とほとほと困っていた。

それにしても九州でお笑いをやるには情報がなさすぎる。東京に行けばいろんな情報があるのも薄々知ってはいたが、東京に行くほどの勇気もない。俺にとっての上京は経験がないのに海外に一人旅をするくらいの感覚があった。

東京はとても恐ろしいところ……そんなふうに思っていたので、なかなかふんぎりがつかず、なんとなく大学に通っているという生活を送っていた。

大学一年のある日、家賃二万円のボロアパートでテレビを観ていると、公開お笑いオーディションの番組の告知を目にした。このオーディションに合格すれば、福岡のお笑い事務所に所属できるというものであった。長年張り続けていた俺のアンテナにやっと反応があったのだ。だが「お笑いを始めるチャンス！」そう思ったときには、すでに履歴書の送り先はテレビの画面から消えていた。一瞬だった。

ブラウン管に映った「お笑いオーディション」の文字を観て、熱くなった体はその文字が消えてもさらに熱さを増していた。

「どうしよう！」

せっかくの情報をみすみす逃してしまった。六畳の畳の上で慌てふためいた。待ち続けた情報は一瞬で消えてしまった。人生でチャンスはそうそうあるわけではない。俺はこれを逃したら一生お笑いなんかできないんじゃないかと感じた。観ていればまた告知するかもという思いで、そのオーディションの告知を目にしてから、紙とボールペンを用意してずっとその局の放送を観ることにした。その日は大学も休んでテレビを観続けた。

次の日の同じ時間まで観続ける覚悟はできていたが、予想外に早く、その日の夜中に再び告知が流れた。俺はすかさずあて先をメモった。興奮しすぎて「ハアハアッ」と口から漏れていたような気もする。

「とうとうチャンスを摑んだ！」

そう思い、自分がテレビに出て活躍している姿を想像し、一瞬喜んだのだが、それはあて先をメモしただけにすぎない。それでも憧れのお笑いの世界に一歩近づけた気がしてうれしくてたまらなかった。

オーディションなのだから当然ネタをやらなければいけないのだが、ネタなど考えたこともないし、もちろんやったこともない。お笑いに憧れていたわりには何も考えていなかったのだ。ずっと漫才というスタイルに憧れていたので漫才がやりたい。でも相方がいない。

相方は誰が適任かを考えた。数少ない友達の中からお笑いに興味がある友達のことを考えた。二人の友達の顔が頭に浮かんだ。

「お笑いやらないか？」と誘うことは、それだけでもなかなか勇気が必要な行為である。断られた場合、相当恥ずかしい思いをすることになるからだ。「え〜！　そんなに面白くないやん！」と傷つく一言を言われる可能性もあるのだ。だけどそんなことを言っている場合ではない。俺は二人に電話をかけた。

すると思いのほか「やろう！」という返事をもらった。しかも二人からだ。三人なので漫才という形ではなくコントをやろうということになった。

大まかなネタは俺が考えた。オタクとお母さんのコントだったと思う。そのネタを元にみんなで練習しながらネタを改良していった。今ではネタ作りや練習は面倒なものとなってしまったけど、このときは「お笑いをやっている！」という充実感でいっぱいだった。楽しくてしかたなかったのだ。グループ名も必要だった。いろいろ話し合った結果、どういういきさつだったか忘れたが、「貴族」というグループ名に決定した。うれしくてしかたがない。

「貴族のオールナイトニッポン」のDJをやっている貴族、「笑っていいとも！」のテレフォンショッキングで友達を紹介している貴族、熱湯風呂に浸かって「熱いっ！熱いっ！」とリアクションを取っている貴族……活躍している姿を想像してワクワクしていた。なんとも気が早い話である。


やりすぎというくらい練習をした。いよいよ本番の日、俺たち貴族は熊本のテレビ局に向かった。もちろん三人ともテレビ局の中に入るのは初めてで、とても緊張していた。

案内されたスタジオに行くと、芸人に憧れオーディションを受けに来ている人たちでいっぱいだった。

「熊本だけでもこれだけ芸人希望の人がいるのか」とかなり気弱になった。少なくともこの中で一番ウケなければとうていプロの芸人になれるはずがない。

参加者たちが、全員ひな壇に座らされ、一組ずつみんなが見ている前でネタをやる形式でオーディションは行われた。それだけでも緊張するのに、さらにテレビカメラが回っている。受験のときもそうだが、こんなときは他の人たちのほうが優れて見える。俺たちは本当に面白いのか？　そんな不安な気持ちでいると俺たちの番がきた。

さんざん練習したのでとても上手くできた。人前でネタをやるのはこれがまったくの初めてのことだったが、ネタを終えた後三人はとても満足だった。やるだけのことはやった。

あとは結果を待つだけだ。審査員の話し合いの時間が設けられ、スタジオの中で発表された。正直、とても期待していたのだが残念ながら不合格であった。

残念な結果に終わったオーディションではあったが、それを機に芸人に対する憧れはいっそう強くなっていき、四年後、俺は一人でオーディションを受け、事務所に入り、本格的にお笑いで売れることを目指すことになった。

文庫のためのあとがき

この本は、私が十二年前に書いた初のエッセイ本である。もう干支が一周してしまったんだなと、時の経つことの早さを実感しつつ、あとがきを書いている。

当時の私はブレイク後、一発屋と揶揄され始めた時期だった。芸能界での人付き合いという壁に白旗をあげてしまっていた私は、これからいったいどうやって生きていこうかと考えていた。いろいろ考えた将来のひとつに「物書き」という選択肢があった。人と極力会わないですむこと、文章を書くことが嫌いではないということ、そのふたつの理由だけで「物書き」になれたらいいな、という安易な考えであった。漫画『ちびまる子ちゃん』の作者さくらももこさんのエッセイの世界観が好きだったし、『ヒロシです』のネタもそうだったので、自分の子どもの頃の話を書いたらいいのではないかと思い、なんとなく数本の文章を書き始めていた。それがこの本の始まりだった。

本が出せることが決まり、エッセイの書き方など知らない私は、文章の書き方の本を読みながら締め切りまでに必死に書き上げた。今でこそ映像編集で使っているが、長時間パソコンに向き合うのはこれが初めてだった。この本がヒットすれば「物書き」として生きていけるのではないかという思いがあった。

しかし私の思いは虚しく、完成したその本はヒットするどころか、ほとんど書店に並べられることなく、知らぬ間に絶版本となっていた。懸命に書こうが書くまいが売れない本なのだからしかたがない。

それでも強く思い入れのある本なので、文庫本で復活させることができないかと考えていた。いろんな出版社に持ち込んでみたが、どこからもいい返事はもらえなかった。だけど、十二年の時を経て、大和書房のみなさんが文庫にしてくれた。

決してこの本は、すばらしい本だとは思っていない。とても荒削りな文章だということもわかっている。だけど、私はこの本が好きなのだ。自分では面白せつない内容だと思っている。自分の子どもの頃のことを書いているから当たり前ではあるが、読むだけで自分が生きてきた昭和の時代に触れさせてもくれる。今気づいたが、この本は完全なる自己満足本かもしれない。そもそも過去に売れなかった本なのだ。文庫になったからといって売れるとも限らない。みなさんが読んで、どんな感想をもたれたのか……。気になるが聞くのは怖いから、ＳＮＳではどうか悪いコメントは書かないでおくれ。

最後に。文庫化になってカバーは変わったが、以前の本のデザインをしてくれた長谷川由美子さんは当時の私のいろんなアイデアを形にしてくれた。その後のネタ本や、当時やっていたバンドのロゴやグッズのデザインもしてくれた。

天国の長谷川さんへ。随分時間がかかったけど、この本にまたスポットライトが当たるよ。ありがとね。この間、ご家族からＴシャツを送ってもらったよ。暇なときに久しぶりに読んでみてね。

二〇二〇年一〇月　　ヒロシ

本作品はジュリアンより二〇〇八年四月に刊行された『沈黙の轍』を再編集し、文庫化したものです。

ヒロシ

芸人兼ソロキャンプYouTuber。1972年生まれ。熊本県出身。ピン芸人として「ヒロシです。」のフレーズではじまる自虐ネタでブレーク。お笑い芸人の活動を続けながら、YouTuberとして「ヒロシちゃんねる」を配信。自ら撮影、編集したソロキャンプ動画をアップして人気を集める。チャンネル登録者数は100万人を突破（2020年11月時点）。
著書にシリーズ50万部を突破した『ヒロシです。』『ヒロシです。2』（共に扶桑社）、『ヒロシの自虐的幸福論』（だいわ文庫）、『ヒロシの日めくり　まいにち、ネガティブ。』（自由国民社）、『今日のネガティブ。』（SBクリエイティブ）、『働き方1.9　君も好きなことだけして生きていける』（講談社）、『ひとりで生きていく』（廣済堂出版）、『ヒロシのソロキャンプ』（学研プラス）などがある。

マネジメント
佐方麻緒（ヒロシ・コーポレーション）

沈黙の轍　ずんだれ少年と恋心

著者　ヒロシ

二〇二〇年一二月一五日第一刷発行

発行者　佐藤　靖
発行所　大和書房
東京都文京区関口一―三三―四　〒一一二―〇〇一四
電話　〇三―三二〇三―四五一一

フォーマットデザイン　鈴木成一デザイン室
本文デザイン　吉村亮　石井志歩（Yoshi-des.）
Photo by　首藤栄作（MAKALI）
制作協力　稲崇志（ライトスタジオ）
撮影協力　荒尾市
本文印刷　信毎書籍印刷　カバー印刷　山一印刷
製本　ナショナル製本

ISBN978-4-479-30844-7
乱丁本・落丁本はお取り替えいたします。
http://www.daiwashobo.co.jp